# 先祖返りの国へ

## ——日本の身体―文化を読み解く

エバレット・ブラウン
Everett Kennedy Brown
エンゾ・早川
Enzo Hayakawa

晶文社

装丁　美柑和俊

# はじめに

初めて「日本の身体感覚」を覚えたのは、ある大晦日のことだった。
場所は釈迦が悟りを開いたインドのブッダガヤという村。
もう、ずいぶん前のことなのに、あの頃、自分の身体に溢れていた生きる情熱の記憶は今でも「小さな真珠」のようにお腹の丹田で大事に秘めている。

当時の自分はどうしようもない青年だった。学校がすごく退屈で、尊敬できない先生たちを馬鹿にしていた。そのうえ、仲間たちが誰も関心を抱かないようなことにひっそりと興味を持っていた。中学生の頃、百科事典でヨガの写真を偶然見つけてから、ずっとアジアに魅了されていたのだ。そのうち「仏教の悟りとは何か？」を考えはじめるようになった。

そう考えるようになったのは、父の影響が強かったのかもしれない。父は牧師だった。長老教会のリベラル派の権力者と、宗派の原理主義のエバンジェリストの権力争いの仲裁役を担うほど政治的にもアメリカの宗教に関わっていた。高校生の頃からそうした宗教の裏と表に接してきた僕が「宗教と信仰とはいったい何か」について考えはじめるのも時間の問題だった。

一九歳になったとき、その答えを求めてインドに向かうことにした。出発前の父は何となく嬉しそうだった。「俺の息子はお坊さんになるために、はるばるインドまで行くんだぞ」。そう自慢気に教会のメンバーに報告していた。

インドのブッダガヤはあの頃、静かな村だった。

各国の寺院が建てられ、そこへ行くとその国の仏教を学んだり、修行を経験することができた。なかでもチベットの寺院に入ると、空気が格別に違っていた。それは現代以前の時代にタイムスリップしたかのような体験だった。そこで出会ったチベット医師に可愛がられ、しばらくチベット医学の基礎を学んだ。先生は長年の修行を重ねたことで、脈診により人の潜在的な病気（それから前世や来世まで）を「感じる」能力があったようだ。

村の反対側に日本の寺があった。縁があり、年末の坐禅会に参加することになった。

夜明け前から日が沈み寝る時間まで、一日中、日本庭園を眺めながら坐禅した。呼吸に集中しながら日がな、庭にさす光とそれが作る影の変化を見つめる。

坐りはじめは足の痛みと格闘していたが、ふと気持ちを緩めたところ、その痛みを受け入れられることに気がついた。痛みを受け入れられると同時に、五感がひらき、物事が見たことないほど美しく感じられるようになった。一つひとつの呼吸の違い、からだ全体で受け取る生きることそのものの味わい。いままで体験したことのない美しさを伴ったからだの感覚。

それが初めて出逢う「日本の身体感覚」だった。

大晦日だったので、坐禅が終わると日本のお坊さんたちと一緒に年越しそばを食べた。それもまた生まれて初めての体験だった。

翌朝目覚めてみると、禅寺全体にシンプルで美しい佇まいが漂っており、それが日本庭園にまで及んでいることに気がついて感動した。特に、本堂にかけてある老師が書かれた掛け軸からは、その力みなぎる人徳が伝わってきた。後に、そのとき僕は出逢ったものは「日本の面影」だったのだとわかった。


こうしたインドでの体験が日本への好奇心を駆り立てた。こころとからだについてもっと知りたい。その気持ちが抑えられなかった。

アメリカへ戻り、大学を卒業すると日本へ向かう決心をした。父に、神学を修めることを考えたが、日本へ渡ろうと思うと伝えると、彼からは意外な答えが返ってきた。

「君は東洋で素晴らしい人生経験をして来たのだから、その旅を続けなさい」

この言葉を胸に、アメリカとサヨナラすることにした。

さっそく日本までのエアチケットを買い、服と数冊の本、それからカメラ以外、すべての持ち物を処分した。

出発前日の午後、サンフランシスコの道端で、知人だった詩人と、禅宗の尼僧にばったりと会った。

「明日、日本へ行きます」と伝えると、彼女は一言、アドバイスをしてくれた。

「まず日本に着いたら、いち早く東北の小さな漁村へ行けば良い。そこで数日落ち着いたら、旅の続きのインスピレーションが見えるでしょう」

偶然出会った彼女こそ、人生の案内人（ナビゲーター）だったのだ。

しかし、それは必然だったのかもしれない。それからの日本の旅はまるで導かれたようだった。日本各地でフォトジャーナリストの仕事をやりながら、禅寺を訪れたり、坐禅を組んだりした。旅先で心を引き寄せる力を持っている鍼灸師や整体の先生たちにも出会った。武術家、能楽師や茶人などの鋭敏な身体感覚を持つ方ともご縁ができた。

そのなかの一人が下掛《しもがかり》宝生《ほうしょう》流《りゅう》ワキ方の能楽師、安田登氏だった。安田氏とは『身体感覚で「芭蕉」を読みなおす。』（春秋社）という本の撮影のために一緒に奥の細道を歩いた。東京の千住大橋から日光まで、引きこもりの若者たちと歩きながら俳句を作って歩く。

このような経験や出会いを通して、日本の身体感覚と伝統文化の繋がりを鮮明に感じることができるようになっていった。

伝統文化をより深く理解するためには日本語が必要だった。しかし、暗記力が弱い僕は日本語を習うことに苦労した。単語や文法が身体に定着するまで、極端な勉強法が必要だった。まずは坐禅の姿勢で文字を書く訓練をした。昔話や新聞記事などの教材をお経のように唱えた時期もあった。そのようにして脳のシナプスに日本語の「道」ができた。

漢字の勉強の入り口は東洋医学だった。親友の鍼灸師、竹内信賢の診療所「赤ひげ堂」へ門前の小僧として通いながら、ツボやその名前の漢字を覚えた。ツボの名前は面白い。頭のてっぺんにある「百会《ひゃくえ》」から、へその下の「気海《きかい》」、脛《すね》の横にある「足の三里《さんり》」、足裏の「湧泉《ゆうせん》」などなど、「ツボの星座」が体内に広がる小宇宙のように見えるようになった。

鍼灸師の親友は「言葉の使い方」を大事にしていた。「話す言葉には波動があり、こころやからだの健康状態を左右する力がある」と良く言っている。

竹内先生は特に「言霊《ことだま》」を重視した。お経や祝詞が持っている力を説明したり、また万葉集などの日本の古い唄に注目した。東洋医学の視点で日本語を勉強したお陰で、僕は言葉に敏感になった。

たとえば、日本に来た最初の頃、人が怒る時には「腹が立つ」と言っていた。そのうち、「頭にくる」という言い方が流行り、インターネットが普及した時代に入ってからは、「キレる」に変わった。

この三〇年間、日本人の身体感覚はどう変化したのだろうか？

時代が変わると身体感覚も変わる。たとえば、本来の礼儀作法は滑らかな動作だった。日本の作法をよく見ると、見事に理にかなっている身体感覚の知恵がいっぱい潜んでいる。だけど、いつの時代か、それは堅苦しいものになってしまったようだ。

江戸時代が終わり、幕末を経て明治時代に移ることで、食事や思想、価値観などが一気に変わった。外来語に当てはまる新しい漢字がたくさんできた。このことによって日本（人）の身体感覚がどのように変わったのか。そのことにとても関心があるのだ。

明治初期に来日した外国人のいろいろな旅行記や文献を読むと面白いことが書かれている。彼らの多くは「日本人は世界一幸せな民族だ」と感じ、そのように記していたのだ。

世界一幸せな様子とはどのようなものだったのだろう？　現在の日本人はとはどう違うのか？　また、その幸せな様子はいまでも、現代人のからだの記憶の中に眠っているのか？

これを探るために、本書を執筆することにした。

もしかするとその幸せとは、日本人が持つ鋭敏な感性と関係があるのではないだろうか。市井に生きた昔の人たちは裕福とはいえなかったが、自然を感じる豊かな感性があった。最近、本当の豊かさとは物質的な豊かさや富の獲得にあるのではなく、「ものを見る感性」にこそあるのかもしれない、そう感じている。

この二十数年の間に、ネットワークが浸透し、メールやSNSなどに流れては去っていく膨大な情報を日々処理しなければならない時代に変わった。この情報の量は人のからだにどういう影響を与えているのだろうか。私たちはそのことにどこまで気がついているのだろうか？　目の疲れははっきり感じられるし、一方で他の感覚は鈍くなっている気がする。「頭でキレる時代」から、「腹が立つ感覚」をどう取り戻すのか？　また豊かな日本的な感性を再び身につけることができるのか？

その答えを見つけるために山形の出羽三山に出かけるようになった。

一三代続く山伏、星野文紘先達《ふみひろせんだつ》の元で山伏修行をするためだ。「感じるままに生きる」を宣言する星野先達の指導で、身体と心を自然の中に溶け込ませ、鳥のさえずりを聴いたり、森の木の間の太陽を皮膚で感じたり、新鮮な山の空気を吸ったり、また滝に打たれることで気づくことは大きい。

山伏行では坐禅を組んだり、お経や祝詞を唱えながら自然を感じることで鋭敏な感覚を呼び覚ますことができる。そこには伝統的なからだやこころの技法がたしかに受け継がれている。

山伏以外にも、日本にはそのようにこころとからだを豊かにするための技法がたくさん存在している。それらは何も山伏行のように特別な場所で行われている特別なものだけではない。お茶や生け花など比較的なじみ深いものをはじめ、日常生活の中に取り入れることのできるものがたくさんあり、そうした知恵（技法）は使うことによってはじめて身につき、僕たちの生活を彩りあるものに変えてくれる。

本書の執筆を共に歩んでいただくのはロードバイク界のカリスマとして高名なエンゾ・早川。彼は、ロードバイクに関して独自の身体論と哲学を持ち、関連する書籍は多くの自転車乗りにとっての道しるべとなっている。

先進の西洋スポーツ科学と日本古来の身体文化を、ロードバイクやテンカラ（日本独自の毛バリ釣り）といった遊びを通じて探求し続けるエンゾ・早川のことを、僕は三〇年の間に出会った日本人の中でもっとも真剣に遊んでいる「日本文化の伝道師」だと思っている。

現代、日本人が受け継いで来た鋭敏な感性は絶滅の危機に瀕している。だからこそエンゾ・早川と共にそれを取り戻す旅に出ようと思うのだ。

日本はもともと遊びが豊かな国だった。

だから本書ではあまり小難しい内容には触れない。なるべく楽しいかたちで日本の身体感覚が持つ知恵を読者の方々に届けたいと思っている。

まずは感動から始めよう。

日本の鋭敏な感性を再び身につけるために「足元」を見直すことから始めよう！

二〇二〇年春　京都の日向神社裏山の山伏修行場にて

エバレット・ブラウン

# 先祖返りの国へ

――日本の身体―文化を読み解く

## 目次

# 第1章

# 足

## ——なぜ和の履物を履くと〝前向き〟に歩けるのか

日本人はクツを履いて、退クツ、偏クツ、窮クツになった。
——エバレット・ブラウン

**エバレット・ブラウン**（以下、Ⓑ）　今回の対談のきっかけが生まれたのは、一昨年（二〇一七年）の暮れでしたか、神奈川県にある箱根旧道の石畳を一緒に歩いたときです。

**エンゾ・早川**（以下、㊟）　そうですね。縁あって、僕が手づくりした「足半《あしなか》」という日本古来の履物を履いて歩くという機会がありました。

Ⓑ　ちょうどその頃、山歩きに良い履物はないかと思っていたところ、足半をつくっている自転車屋さんがいると偶然耳にしました。それで、ぜひ会いたいと思ったのです。

㊟　背景を少し説明すると、僕は文筆業を生業としていて、そのかたわら、神奈川県・茅ヶ崎市でエイドステーションというロードバイクのプロショップをやっています。そんな人間が、なぜブラウンさんみたいなひとと対談を？　と思われるかもしれませんが、僕らをつなぐキーとなるのが、この和の履物、足半でした。

Ⓑ　そもそも、僕は写真家で、エンゾさんは作家で自転車屋さん。住む世界が全然ちがうし、性格も

全然ちがう。でも最初の出会いをきっかけに、足半を履いて箱根の山道を歩くうち、山歩きの仲間になってしまったんですね。

㊀ 江戸時代から残る古い石畳を一緒に歩いていると、アイディアが次々とあふれ出してきて、身体感覚にまつわる話でとても盛り上がりました。

Ⓑ 実をいうと、僕はあのとき二日酔い気味だったんです（笑）。でも足半に履き替えて古い石畳を歩いていると、自然と元気になってきた。あれはとても不思議な感覚でしたね。

お話ししている中で僕が面白いと思ったのは、エンゾさんは日本人なんだけど、西欧の乗り物であるロードバイクや身体論に通じている。反対に、僕はアメリカ人だけど、東洋医学や日本の文化に長年興味を持って取材してきた。

その対照性というか、逆転している感じが面白くて、対談をしたら興味深い内容になるんじゃないかと思ったんです。僕が経験に基づいた身体感覚の話をして、それにたいしてエンゾさんに筋肉などのメカニックな部分で解説をしていただくという。

㊀ 逆転しているからこそ、お互いの文化を客観的に見られるという部分があるかもしれませんね。

Ⓑ そうなんです。そんな僕らの縁となった足半、今でこそほとんど知られていませんが、つい一〇〇年くらい前までは非常にポピュラーな履物だったんですよね？

㊀ 簡単にいうと、これは土踏まずまでしかない草鞋《わらじ》なんです。足の指とかかとは完全に外に出ちゃってる。今では岐阜県の長良川の鵜匠さんくらいしか使ってないのですが、たとえば岡山県など

では、昭和の初期くらいまで普通に履いている人がいたと聞きます。岡山では〝尻切れ草履〟と呼んでいたそうですが、行商のおばあさんなどが足半を履いて峠を越えていたと。

Ⓑ なるほど。

㋓ 起源をさかのぼると、もともとは武士が最初に使いはじめたという話です。鎌倉や室町期の絵巻物を足元に注目して見ると「足軽」が履いているのがわかります。それから、お寺の僧兵が使うようになり、次に山伏のひとたちが使うようになり、そのうち林業や漁業の人びとにも広まっていったそうなんです。織田信長は足半をいつも腰に提げていて、家臣に褒美として与えていたという有名な話があるくらい。ブラウンさんが足半を履いたのは、あの箱根旧道を歩いたときが初めてですか？

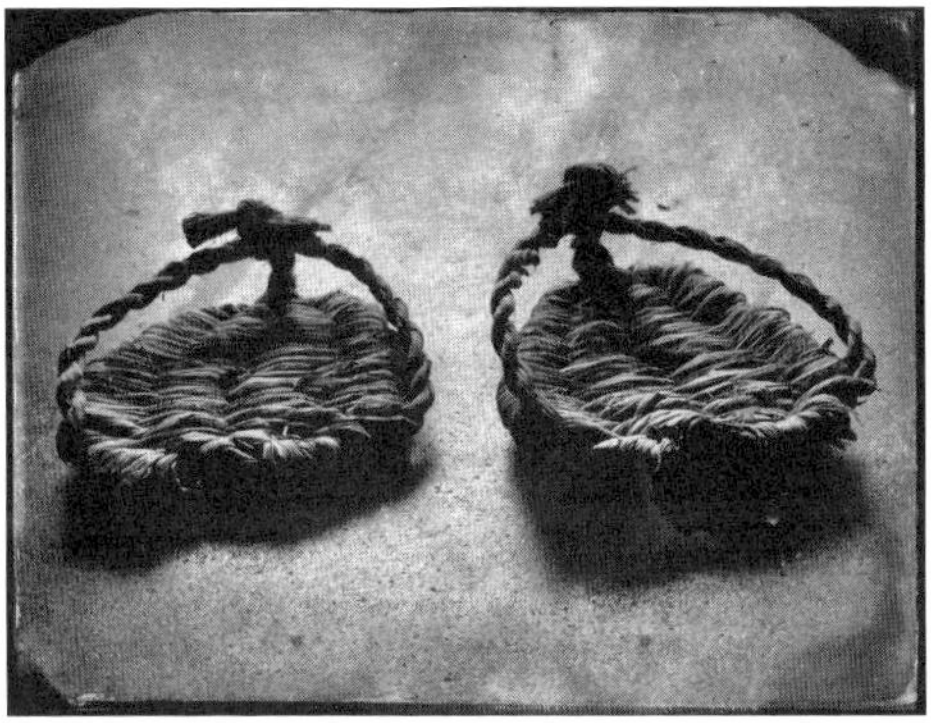
足半。作者はエンゾ・早川。エバレット・ブラウンが湿板光画で撮影

Ⓑ そうです。草鞋などは何度も履いたことがありましたが。実は僕、全国にいる仲間と山伏修行をしてるんです。最近では、とうとう山形県の羽黒山《はぐろさん》の山伏の「先達」（先達はリーダーの意）である星野文紘さんから「免許皆伝」をいただきました。

㋓ そこも逆転してますよね。日本人の僕が山伏で、アメリカ人のブラウンさんがロードバイクのプロショップをやっているというのが「普通」だと思います（笑）。

Ⓑ　そうそう、そうですよ（笑）。それで、山伏修行のときに、険しい山道を長く歩くのですが、僕はだいたい裸足で歩くんです。

㋓　普通だとなにを履くんですか？　草鞋《じかたび》とか？

Ⓑ　いえ、それが今はみんなゴム底の地下足袋なんですよ。しかも丁寧なことに、さらに快適に歩くために、かかとにエアーまで入ってるんです。

㋓　〝エアー地下足袋〟ですか。某大手スポーツブランドの特許に抵触したりしないのかな（笑）。

Ⓑ　そのエアー地下足袋を見ると、ちょっと複雑な気持ちになりますね。せっかく山に入るのに、山の磁場とかエネルギーを足の裏で感じられないのはもったいないですよ。靴を履いて都会のアスファルトを歩くのと同じ感覚で、山を歩いてしまっている。それだと、修行の効果が半減しちゃうと思うのです。

㋓　そもそも、山伏に限らず修行は、昔の日本人の知恵とか心構えを全身で感じるものじゃないですか。考えてみれば、昔の日本人は、だいたい裸足でなんでもやっていたはず。

Ⓑ　そう。やっぱり裸足で山道を歩いてみると、いろいろと発見があるんです。まず、足元をよく見るようになる。特に急な岩場を登るときなどは、本当に集中しないと足をケガしてしまう。そして、足の指を使うようになる。普段、靴を履いて生活していると、足指を意識することなんてほとんどないじゃないですか。

㋓　そうですね。

Ⓑ　僕は普段、イタリアはビブラム社の五本指のフットウェアを履くんです。今日も履いていますけど、普通のスニーカーや革靴ばかり履いていたら、足指は鈍ってしまうでしょう。裸足だと、足元に集中して、足の指先まで神経を行き渡らせるから、脳、特に脳と脊髄をつなぐ脳幹がすごく活性化する感じがあるんです。だから、すごく活き活きしている状態になる。その活き活きした感覚が、足半で箱根旧道を歩いたあのときにもありました。それで二日酔いも吹っ飛んでしまった（笑）。

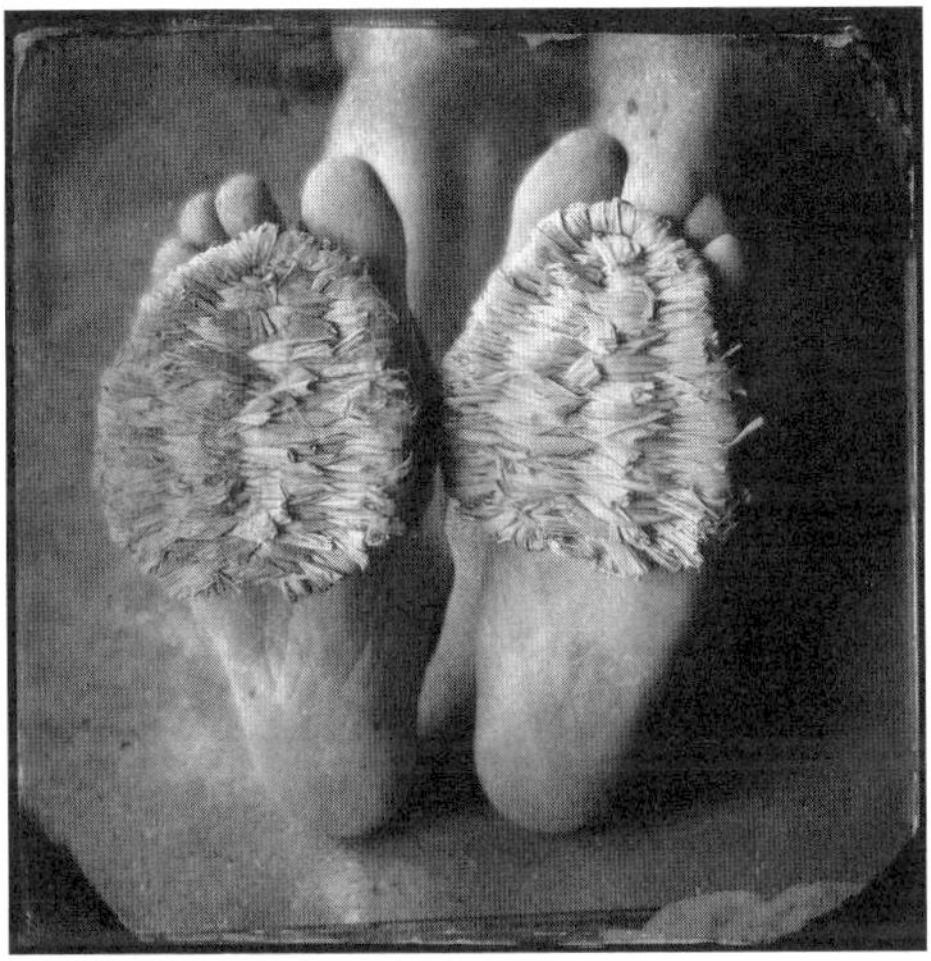

足半を履くと足指が外に出る

## “和の着地”はつま先から

㋓　僕は釣りが趣味で、渓流釣りをするときに初めて、自分でつくった足半を履いたんです。それで気づいたのですが、足半って足指の位置が絶妙に考えられていて、下の「台」のへりを指でつかむ感じになるんです。指が半分、外に出ているわけですね。それが最初は恐怖なわけですよ、ケガするんじゃないかって。

Ⓑ　でも本当は逆に安全でしょう。

㋓　そうなんです。渓流の岩がゴロゴロしているところだし、爪を割ったりしたら大変だと思っていたのですが、逆に靴よりもケガをしない。足指のセンサーがものすごく敏感になるから、危ないときは自然に足が引っこむようになるんです。

Ⓑ 岩場とか山を歩くときに一番危ないのは、実はハイキングブーツだと思います。

㊓ 意外とね。足首までガチガチに固めてしまうし、底が分厚いから、地面の感覚がわからない。

Ⓑ だから思わず浮いている石を踏んで、かかとから滑って滑落してしまったりするんです。本当に寒くて雪が積もっているところを歩くときなどは、もちろんブーツが必要だと思いますが、普通はいらないでしょう。

㊓ そうですよね。そういえば箱根旧道を歩いたときも、もう一二月に入っていましたから、気温はたぶん五、六℃。けれど吐く息は真っ白でも、足が冷たいっていう感覚は最後までなかったですよね。むしろ、峠の上の「甘酒茶屋」というお茶屋さんに着いて休憩しているときに、足が寒くなってきたくらいで。

Ⓑ 足指の細かい筋肉までフルに使って歩いているから、血行がよくなってくるんですね。だから冬で素足なのにポカポカしてくる。

㊓ それで思うのは、**〝和の着地〟**というのは、足指、つまり、**つま先から着地するのがキモ**だということなんです。もちろん、つま先から接地したあと、足の裏全体をつかって衝撃を吸収するわけだけど、かかとはあまり地面につかない。

Ⓑ そうですね。靴に慣れきってしまった現代日本だと、かかとから着地するのが正しいという固定

観念があるけれど、昔の日本はそうじゃなかった。

## フォアフット走法＝和の走り方

㋓　だから昨今、マラソンの日本記録を更新した大迫傑選手の「フォアフット走法」が話題になっていますが、実はなんのことはない、〝靴以前〟の日本人の走りかたに**〝先祖返り〟**しただけなんじゃないかと思っていて。

Ⓑ　それこそ「飛脚」みたいなね。

㋓　そうそう！　もちろん本物の飛脚なんて実際に見たことないのですが、あの薄い草鞋でかかとから着地して走っていたら、すぐに足を痛めて商売にならなかったはずですよ。

Ⓑ　そりゃそうだ（笑）。

㋓　実は僕、一緒に箱根旧道を歩いたときに、ブラウンさんがどういう歩き方をするのかとても興味があったんです。というのも、足半という日本特有の履物をアメリカのひとが履いたときに、どういう化学反応がおこるのかなと。

Ⓑ　まあたぶんだけど、標準的なアメリカ人とはどんな概念か分からないですが、僕とはだいぶちがう（笑）。

㋓　そう。だから結局、ブラウンさんはあっさり足半を履きこなしていましたよね。それこそ途中からポケットに手を突っこんで、あの急な石畳を歩いていたくらい。ポケットに手を入れて歩くのは、まあちょっとアメリカ的だと思ったけど（笑）。

🅑 ちょっと少年の気持ちになったんですね。子どもの頃、よくポケットに手を入れて野山を歩いていましたから。でも足半は僕にとって、とても歩きやすい履物でしたよ。今度、ぜひとも山伏修行で使ってみたいと思っています。ですので、今から注文しておきます！

㊀ 喜んでおつくりします。あのときに気づかされたのは、「**ひとの歩き方に、国や人種のちがいは関係ないんだ**」ということ。僕が昔の日本に特有だと思っていたつま先着地の歩き方は、もしかしたら世界に共通の正しい歩き方なのかもしれない。ブラウンさんに出会っていなければ、その可能性には気づけなかったと思います。

## 可愛い子には畳でハイハイさせよ⁉

㊀ 足のセンサーの話で思い出したことですが、最近お年寄りが家のなかでつまずいて転んで、骨折して寝たきりになってしまうという話がよくあります。その予防策として、お医者さんの多くは「膝を高く上げて歩きましょう」と指導していますが、室内でそんな歩き方するひとはいませんよね。

🅑 むしろそんな歩き方をすると、かかとに重心がかかって、後ろに転んで後頭部を打つ可能性がある。前に転ぶのはまだしも、後ろに転ぶのは本当に危ない。

㊀ そうそう。で、この話題について知り合いのお医者さんと話をしたことがあるんです。彼がいう

には「**お年寄りのつまずきの最大の原因は、分厚い靴下を履いていることです**」と。しかも二枚くらい重ね履きしていることもあるでしょう。

Ⓑ　その上、スリッパまで履いていたり。僕、日本のスリッパに違和感を覚えてます。本当に歩きにくくて。

㋓　そうですね。その結果どうなるかといったら、ハイキングブーツの話と同じ要領で、当然足のセンサーが働かなくなる。お年寄りがつまずく段差がどのくらいかご存じですか？　聞いて驚いたのですが、絨毯に引っかかることもあるようです。高い段差じゃないんですよ。足のセンサーが働いていれば、その程度の段差は自然と乗り越えられるはずなのに、分厚い靴下のせいで、感覚に狂いが生じる。それで転んでしまうと。

Ⓑ　昔はお年寄りも、冬でも裸足だったわけですからね。僕はかつて中国で東洋医学を学んだのですが、足裏にはたくさんのツボがあります。そこを靴下で覆ってしまうと、血流が悪くなる。また、これは最先端のスポーツ医学のなかで諸説ありますけども、地面から発生するマイナスイオンを身体にとりこめなくなる。そういうのが相まって、アルツハイマー病やうつ病など、さまざまな現代病の原因になっているという見方がありますよね。

その意味で、最高の健康法は、裸足で畳の上を歩くことですよ。

㋓　畳ね。お年寄りもそうだけど、特に赤ちゃんなどはね。

Ⓑ　そのとおりです。赤ちゃんがハイハイをするときに、よく観察してみるとフローリングだと痛

がっていることがある。膝が固いところにぶつかってしまうので。膝が痛いとどうなるかというと、早く立ち上がろうとしてしまう。

㋓ なるほど。ハイハイが快適じゃないから、とっとと立ってしまおうと。

Ⓑ そう。でも、それは自然な反応じゃないから、成長のバランスが崩れてしまうんです。

㋓ 日本だと、「早く立ち上がったほうがいい」っていう価値観が昨今ありますよね。

Ⓑ でも、本当は、もっと長くハイハイをさせたほうがいいし、させなきゃいけないんです。そのほうが身体の成長も脳の発育もよくなると科学的に証明されている。そう考えると、柔らかくて快適な畳の上でハイハイするのは、**赤ちゃんの成長にとって最高の環境**なんですよ。畳だと指先にも刺激がありますから、手の神経も発達しますし。

㋓ あと香りもありますから、嗅覚も刺激されますしね。それと、赤ちゃんってハイハイするときに、畳をなめるんですよ。で、昔ながらのワラとイグサの畳って、なかに乳酸菌などの善玉菌がいるんですね。だから昔の日本の赤ちゃんは、お母さんのおっぱいの後は畳から善玉菌を腸にとりこんでいたらしいんです。

Ⓑ だから、小さなお子さんをお持ちの家庭では、一枚でもいいから昔ながらのオーガニックな畳をご用意いただき、赤ちゃんが遊んだりお昼寝するスペースにしてあげるといいと思います。

㋓ 最近は、若い方でそういう考えを取り入れているひとも増えているようで、お店でも、畳一畳、半畳と販売しているところも多くなっているようです。赤ちゃんなら、そんな広い範囲を移動するわけじゃないわけですしね。

Ⓑ　折りたたみ式のものもありますよね。折りたたみ畳（笑）。

㋓　鋭い。実は、使わないときはたたんで部屋の隅においておくから、畳っていう名前がついたんですよ。だから、今言ったような使い方は、むしろ日本の伝統的なものなんだと思います。

## 「早く育つ」のが善なのか

㋓　ところで、赤ちゃんの立ち歩きもそうですけど、今の日本には、「子どもの成長はなんでも早いほうがいい」という価値観がありますよね。

Ⓑ　幼児の読書もそうですね。しかし、あまり早いうちから自分で本を読めるようになってしまうと、後々で脳の発育に悪影響があるという説があります。ビル・ゲイツやバラク・オバマ、ピーター・ドラッカーなどが受けたことで知られるモンテッソーリ教育の考えによると、八～九歳くらいで子どもが自分からするまで、読書はしなくていいという話もあるほどなんです。子どもが自発的に読書したくなる時を待ったほうが、成長にいいということで。

㋓　今の日本だと、小学校に入った瞬間から、嫌というほど字を読まされますから、それは難しいかも。それどころか、小学校に入る前に読めるようにしておこうと考える親御さんもいると聞きます。

Ⓑ　特に私立の幼稚園などはそうですよね。そうするとね、勉強はできるけど、頭が固くて応用が利

かないタイプにどうしてもなってしまう傾向があって、特に感性が鈍くなる。
㊓ 官僚的な感じというか、杓子定規な傾向ですね。
　ブラウンさんから見て、子どものうちから外国語を喋らせようとするのはどうなんですか？
Ⓑ 耳から覚えるのはとてもいいことだと思います。もちろん本人に興味があるのが前提ですけど。音の刺激というのは、音楽や朗読も含めて、子どもの発育にはいい。だから、親御さんは本を読み聞かせるわけでしょう。読み聞かせはとてもいいんです。そのうちに、子どもが自分で読みたいという意欲を持つようになるわけですから。
㊓ そういうことですか。
Ⓑ でも逆に詰め込み教育で、六歳とか七歳くらいで漢字をすごくたくさん読める子がテレビに出たりするでしょう。素朴な疑問なんですが、ああいう子は将来どうなるんでしょうね。特に親が教育に関してしつこ過ぎると、内に引きこもってしまう傾向があるようです。
㊓ 学習塾なども似たような部分があると思うのですが、何かを早期に習得するということは、ある部分で子どもに優越感を持たせることにつながっている。受験を考えているなどであれば別なのかもしれませんが、多くの塾で行われていることは「予習」、つまり学校での学習内容を一年早く教えているわけです。だから、塾でやったことが学校で遅れて試されるわけで、そこでは点が取れるわけです。すでに学んだことですからね。
Ⓑ ええ。

㋓　でも、そう考えると、そこで得たアドバンテージというのは、要は見せかけにすぎないわけですよね。塾に行くことで学習やものごとの理解が深くなっていればいいのですが、先取りをしているだけだと、アドバンテージがなくなったとき、つまり学校教育が終わったとき、その優越感がなくなるわけで、その反動で挫折してしまう子もいるんじゃないでしょうか。

🅑　実際にそういう知り合いが学生の頃にいましたね。なんでも早くさせすぎると、どこかでつまずくわけですが。だから、ハイハイをちゃんとやって、つまずいても大丈夫なようにしておく必要があると（笑）。冗談みたいですが、実際に考えると非常に重要なことだと思います。

## 朝青龍、マラドーナ、インデュライン

㋓　話が横道にそれましたが（これからも多々それると思いますが）、ひとまずもとに戻すと、ハイハイとスポーツの関連で面白い話があります。

　ちょっと専門的な話になりますが、人間の骨盤は仙骨と左右二つの腸骨がくっついてできています。それでハイハイをするときに、仙骨と腸骨のあいだをつなぐ**仙腸関節**《せんちょうかんせつ》という部分が動くんで

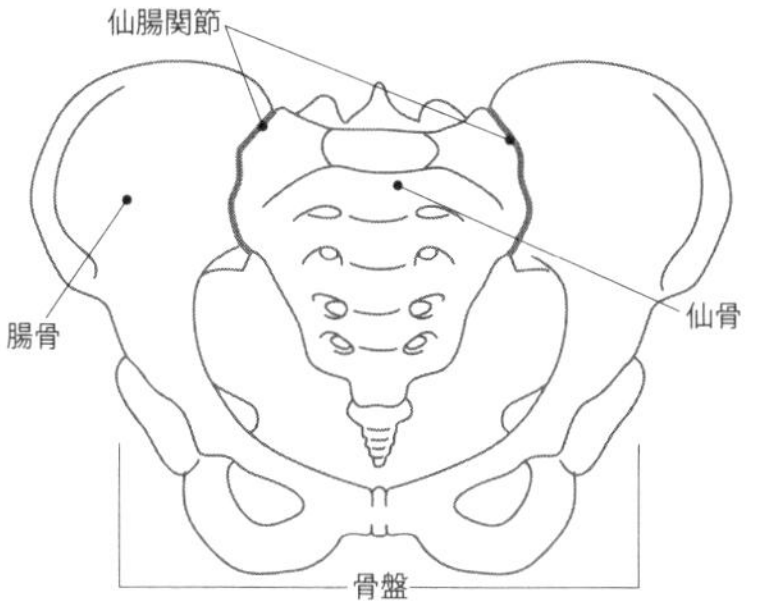

骨盤と仙腸関節

す。でも、立ち上がってしまうと、仙腸関節は固定されてしまって、動かなくなってしまう。大人になるとほぼ仙腸関節は動かなくなってしまう。これはスポーツ的にはマイナスなんです。

Ⓑ なるほど。

㋓ で、僕が聞いた話では、赤ちゃんの頃にメチャクチャ長いことハイハイをしていた偉大なスポーツ選手というのが三人いまして。それが相撲の朝青龍と、サッカーのマラドーナ、そして自転車のインデュラインという三人なんですね。朝青龍とマラドーナは言わずもがなですが、インデュラインというのは、自転車の世界で最大のレース「ツール・ド・フランス」を五連覇したスペイン人選手です。

Ⓑ へー、面白い！

㋓ 彼らは立ち上がるのが遅かったから、大人になっても普通の人より仙腸関節がよく動くんですね。いわば「脚を長く使える」ということです。身体の深部がよく動くから、体幹の筋肉、つまりインナーマッスルもよく使えるし、パワーも出るという。「じゃあ大人になってから仙腸関節を動かす練習をすればいいじゃないか」と思うけど、小さい頃に一度固まってしまったものを、成長してから柔らかくするのはとても難しいらしいんですね。

Ⓑ じゃあ、下手をしたら二年くらいハイハイしていても、親御さんは焦る必要はないどころか、むしろ喜ぶべきなんだ。

㋓ そうそう。それと、そういうひとって、お母さんのおっぱいを普通よりも長い期間飲んでいるんですよ。それは身体の成長にとってはいいことなんですよね。天才的な活躍をしたスポーツ選手のエピソードの中に、三歳くらいまでおっぱいを飲んでいたなどの話がよく見られます。必ずしも早く卒乳した方がよいわけではないですね。

Ⓑ　そういえば、僕の知り合いで踊りの達人がいるんですが、彼は一〇歳までお母さんのおっぱいを飲んでいたんですよ。

㊤　一〇歳!?　それはまたすごいな！　もう小学生じゃないですか。僕も最高で六歳くらいまでしか聞いたことなかったですよ。

Ⓑ　でも、さっきの「なんでも早いほうがいい」という話ですけど、乳離れだってそんなに早くさせる必要はないんだと思いますよ。その知り合いは一流のアーティストとしての才能にあふれているんですが、それはお母さんのおかげだと感謝しています。そういう話を聞くと、長くおっぱいを飲んでいるというのは、肉体的だけじゃなく、精神的にもいい影響があるのかもしれませんよね。

## 「足を洗う」の語源

㊤　ちょっと話が戻りますが、さきほど畳の効用のところで乳酸菌の話が出ましたね。関連していうと、今ではほとんどなくなってしまったけど、「土間《どま》」にも乳酸菌がたくさんいたらしいんですよね。

Ⓑ　かつては土間で料理をしたりしていましたからね。農家なら家畜もいましたし。自然と乳酸菌が増えたんでしょうね。

Ⓔ　外界にはツツガムシとか破傷風菌とか、いろいろと人間にとって害のあるものがいるわけじゃないですか。でも、土間は乳酸菌がいることで、内と外の〝結界〟になっていたということなんですよ。
Ⓑ　だから、昔の日本人は農作業を終えて、土間で一度足を洗って畳に上がると、翌日までは外に出てはいけなかったといいますよね。それがことわざで言うところの「**足を洗う**」の語源だといわれている。
Ⓔ　なるほど。家のなかを清潔に保つための乳酸菌のバリアというのが土間にはあって、だから昔の人は土間をとても大事にしたんですね。家畜を土間に飼っていたのも、病気から守るためだったのでしょうね。
Ⓑ　つまり、伝統というのはただ古いだけのものではなく、本来とても合理的、効率的だったはずなんです。そういう視点で先人の生活の知恵を見直してみると、いろいろな発見がある。そのことを伝えるのが、この対談の大きな目標の一つですよね。
Ⓔ　そうですね。だから、箱根の甘酒茶屋にも土間がありました。あれも改築をする際に、「土間をどうしようか？　造るのも維持するのも大変だし」という意見もあったらしいんですね。でも、そういう効果を意識してか無意識かはわからないけれど、「お客さんのためにできるだけ昔の形を残そう」ということで、土間も、囲炉裏もそのまま残したというんです。
Ⓑ　素晴らしいなあ。
Ⓔ　足半で旧道を歩いて登ってきたときもそうでしたけど、あそこの土間に足をおいた瞬間に、なん

か安心するんですよね。それはもしかしたら、乳酸菌のバリア効果を、僕らが無意識に感じとっているからかもしれない。

Ⓑ　土間は湿っているし、塩で固められているから、マイナスイオンものすごく出ているでしょうしね。

㊂　塩っていうのも、またミソですよね。相撲の土俵もそうだし、ぬか床もそうじゃないですか。ぬか床も、塩がなかったら悪い菌ばかり増えてしまうわけで。ただ乳酸菌は塩にたいして耐性を持っているから、うまいこと漬物ができる。そういうことを、昔のひとは科学ではなく、経験と感性で知っていたのですね。

## 子どもの靴下嫌い

Ⓑ　僕はさっきも言ったように五本指の靴を履いているし、エンゾさんは下駄や雪駄を日常的に履いている。それはなぜかというと、普通の靴を履いて歩くと、足指の感覚だけじゃなく、頭の回転も鈍るという実感があるからなんですね。

㊂　わかります、それ。

Ⓑ　僕は「**日本人はクツを履いて、退クツ、偏クツ、窮クツになった**」というダジャレをつくったんですが、実はこれ、けっこうマジだと思っているんです。

㋓ はい。さっきのお年寄りの話じゃないけど、靴もそうですが、靴下ですよね。知り合いのイギリス人から聞いた話なんですが、彼は学校の先生をしていて、もう長く日本に住んで日本人の奥さんと子どもがいるんです。で、イギリスに里帰りして初めてお母さんに赤ちゃんを会わせたら、いきなり怒られたらしいんですよ。「赤ん坊に靴下なんか履かせるもんじゃありません！」って（笑）。赤ちゃんは裸足でいなきゃいけないっていう意識があるんですね、イギリスでは。

Ⓑ だいたいどの親御さんに聞いても、初めて赤ちゃんに靴下を履かせたときに、喜んで履く子はいない、というと思います。だいたい嫌がって脱ごうとするんですよ、靴下にしろ靴にしろ。

㋓ そうですよね。でも、僕とかブラウンさんのように、大人になっても靴下とか靴が好きじゃないひともおりますが、だいたいはそのうち「足を覆う生活」に慣れていってしまう。でも、それが果して本当にいいことなのかどうか。さきほども言ったように、足裏というのは大事なセンサーなわけで、そこに靴下と靴をかぶせられるというのは、生存能力を削がれることになってしまう。

Ⓑ 実はね、僕はアメリカで保育園に入る前に、とても嫌な気持ちになったんです。父親が牧師だったので、教会のなかにある保育園に入れられることになったのですが、それ以前から教会に通うとき、保育園の様子をいつも見ていたわけです。

㋓ はい。

Ⓑ するとね、みんな靴下と靴を履いていたんです。それで直感的に「これはヤバい！」と。「あそこに行きたくない！」と思ったんですよ。

㋓　なるほど。

🅑　入園は九月だったのですが、まだ暖かいこともあって、入ってからも長いこと靴を履くのに頑なに抵抗していました（笑）。今思うと、先生たちに迷惑をかけて申し訳なかったなあ、と反省もしてますが、結局強制的に履かされました。ただ、そのとき四、五歳でしたけど、これから小学校、中学校、高校と、同じような強制的な教育を通過していかなきゃならない……と思って、その時をきっかけに将来のこと、自分のことを考えるようになりました。

㋓　靴下と靴を履いたまま大人になっていかなきゃならない、って。

🅑　そう。最初のはじまりから、学校の印象がとても悪かった。こうして大人になって、やっと卒業しましたけど。そして、靴を履かなくて済むようになった。

㋓　大人になって、ようやく本来の自分に戻れた（笑）。

🅑　そうそう。でも、そのときの原体験がトラウマになって、ずっと学校が好きになれなかった。学校は靴を履かせる場所、強制する場所だと。だから成績もあまりよくなかったですね。

㋓　画一化と強制というのが、学校というものの一つのコンセプトですからね。

🅑　本当はみんな抵抗があるはずなんですけど、だんだん慣れていってしまいますよね。ただそれでも、心の奥底では「嫌だ！」と思い続けているひともいて。だから僕やエンゾさんみたいに、大人になって怒るひとがいなくなったら、「靴下とか靴、もう履かなくていいわ！」と解放されるという。

## ジャパニーズスタイルの歩き方

㊁ もう一つ、これはスイス人の友人から聞いた話で、彼もさきほどのイギリス人と同じように、日本に長く住んで家庭を持っています。あるとき、彼もスイスに里帰りをしたわけです。そうしたら、今度は子どもじゃなくて彼自身が、お母さんに「あんた、その歩き方どうしたの！」って怒られたらしいんですよ。

Ⓑ ええ。

㊁ 自分では気づかなかったようなのですが、彼は茅ヶ崎在住で、満員電車に乗って毎日、東京まで通勤している。もちろん革靴で背広を着て、東京で仕事をする。それで彼いわく、「日本の夏は死ぬほど暑い。それなのに、背広と革靴で会社に行かなきゃならないのは理不尽だ」というわけです。

Ⓑ それはたしかに。

㊁ だからできるだけ汗をかきたくないし、疲れたくないから、楽に歩こう、楽に歩こうと無意識に思っていたそうです。そのうち、いつの間にかヘンな歩き方になってしまっていたということに、お母さんの指摘ではたと気づいたらしいんですね。

で、その話を聞いて、僕は「それはジャパニーズスタイルの歩き方なんだよ」と答えたんです。

Ⓑ ほお。ジャパニーズスタイルというのは、具体的にどんな？

㊁ 僕はそれを〝**ペロンペロン歩き**〟と命名しているのですが（笑）、要は股関節をあまり使わず、

膝から下だけをペロンペロンと前に投げ出して歩幅をかせぐ歩き方なんです。これだと太ももとかお尻の筋肉を使わなくて済むので、体温の上昇を抑えられるんですが、反面、かかとから着地することになるから、衝撃がダイレクトに膝や腰にくるという。

Ⓑ なるほど。ちょっと、僕の歩き方をチェックしてもらえませんか？

㊓ ああ、やっぱりちゃんとお尻とか太ももの裏の筋肉を使って、足を後ろに大きく蹴って、つま先から着地してダイナミックに歩いていますよね。それがおそらく、スイス人のお母さんが言うところの「正しい歩き方」なんですよ。じゃあ、次に僕がペロンペロン歩きを実演してみますね。これがね、意識してやるとなると、けっこう難しいのですが。

Ⓑ ああ、よくある、よくあるねえ（笑）。

㊓ でしょ？　膝から下だけを使って、かかとと荷重で足を前に放り出して歩くという。

Ⓑ でもね、そういう歩き方を見るとね、気持ち悪い……。

㊓ そうでしょ？（笑）　でも、これがジャパニーズスタイルなんです。というか、現代のジャパニーズスタイルですね。というのも、こんな歩き方では、草鞋や下駄、まして足半は履きこなせないはずですから。ということは、昔の日本人もブラウンさんみたく、ダイナミックに歩いていたはずなんです。

Ⓑ 冒頭の話に出ましたけど、和の履物はみな、つま先から着地して後ろに足を蹴って進むようになっている。現代の日本人の歩きかたとは正反対ですよね。

靴でもせめてこう歩こう

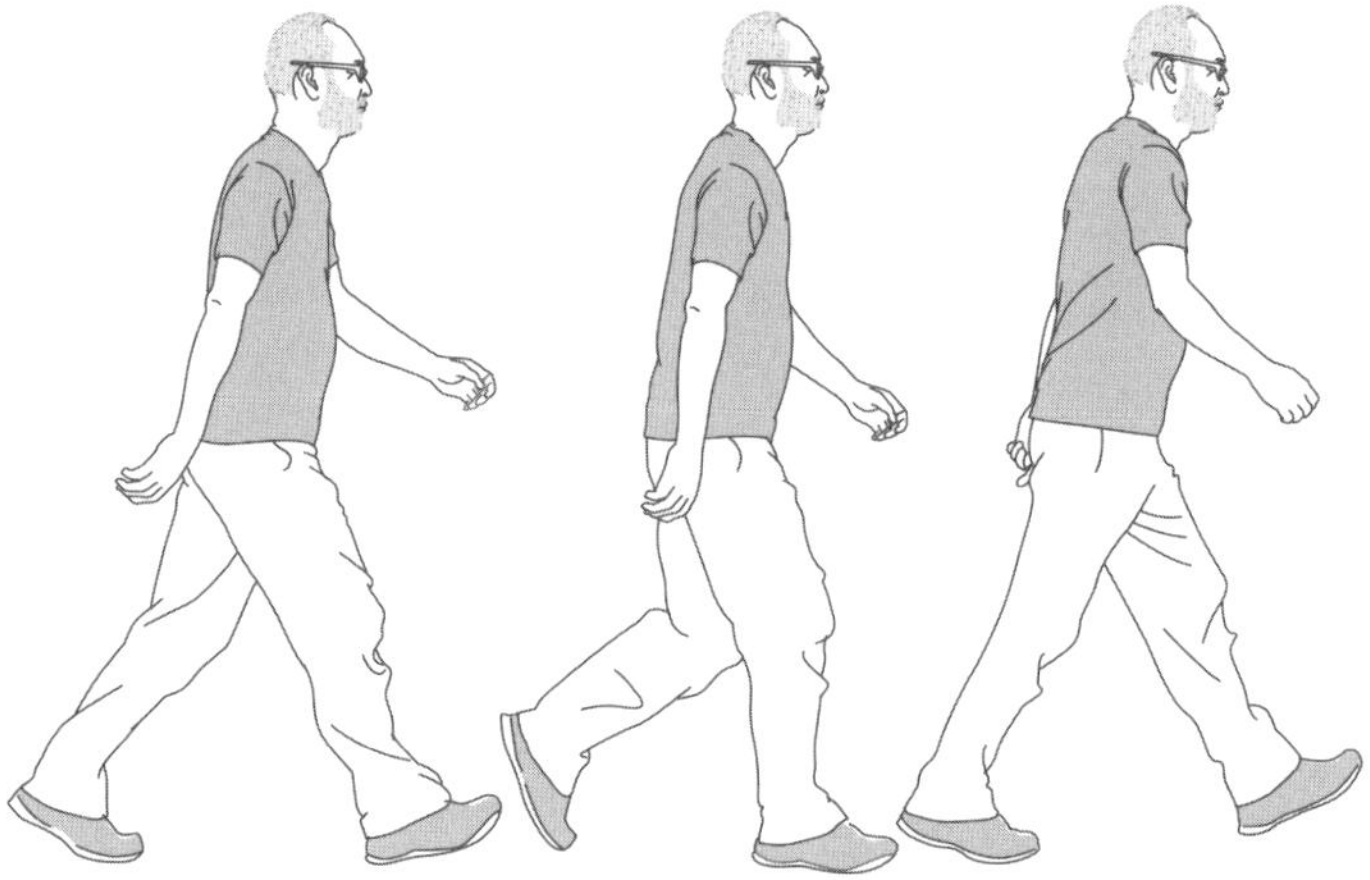

ペロンペロン歩き

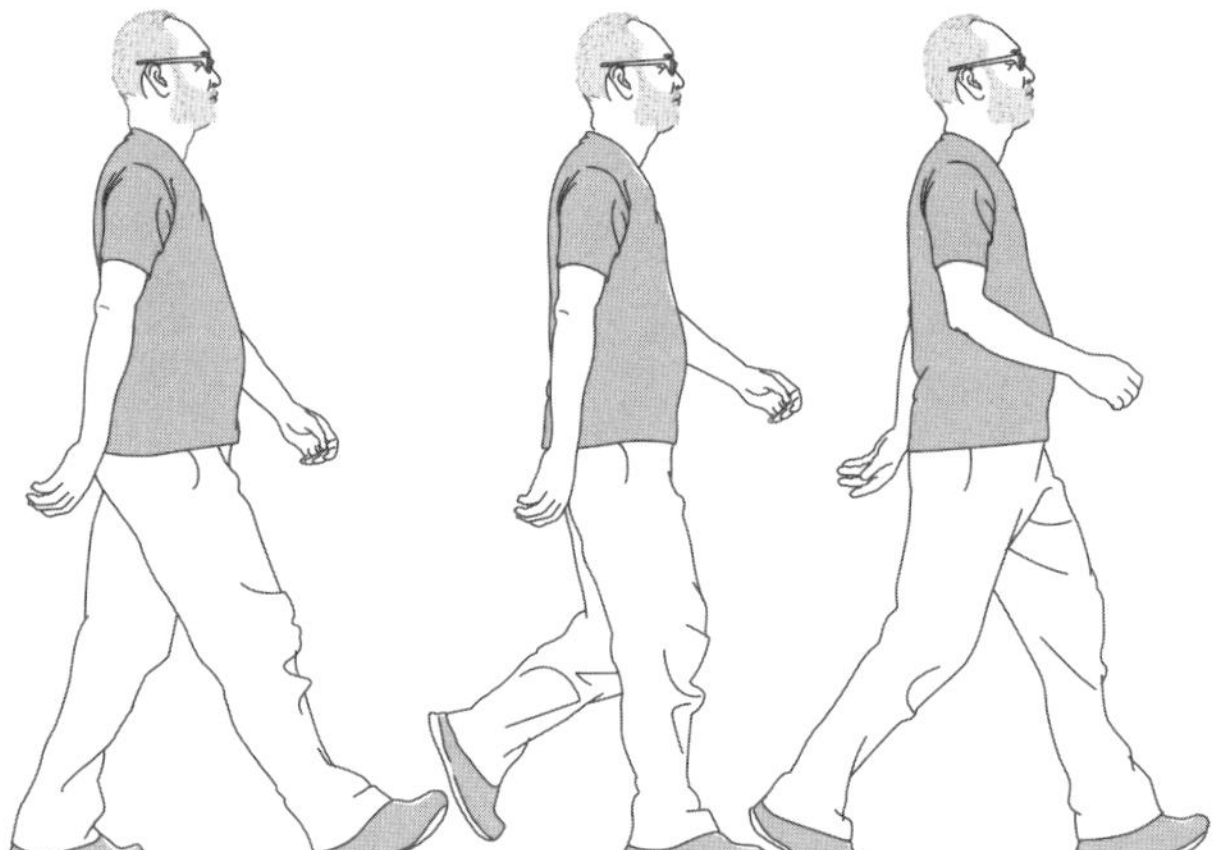

正しい下駄歩き

㊤　そのとおりです。特に足半などは、物理的にかかとから着地できないようになっている。かかと部分がないので。つま先から着地して足を後ろに蹴ると、お尻や太もも、あるいはさらに奥のインナーマッスルを有効に使えるんです。もちろん、それによって血流もよくなるから、心身のコンディションが整ってくる。そのことを、昔の日本人は経験的に理解していたのですね。

Ⓑ　身体と心の姿勢が、ともに〝前向き〟になるんですね。

㊤　まさにそういうことですよ。でも、背広に革靴を履いていれば、ペロンペロン歩きになってしまうのは仕方がないと思うんです。汗をかきたくないし、疲れたくないわけですから。でも、そのイギリス人やスイス人がいうには、西欧人は親から「歩くときも、ちゃんとお前は他人に見られてるんだよ」と教わるんだと。だからスイス人の彼は歩き方を矯正できたのですが、現代日本にその文化はありません。だからみんながペロンペロン歩きになっていってしまう。

Ⓑ　思うのですが、中世くらいまでは、人間ってどこでもだいたい同じだったわけでしょう。それこそ日本的とかフランス的とか、人びとの生き方の基礎のレベルにおいては、歩き方も含めて、さほど

ちがいはなかったんじゃないかと思うんです。

㋓ そうですよね。同じ人間なんですから、昔は同じように歩いて、生きていたはずです。けれどもおそらくは明治以降、日本人はだんだんとおかしな歩き方で歩くようになってしまったという。

## 「歩く」はカラダとアタマの万能薬

Ⓑ このあいだ、僕のアメリカ人の友人が日本に来たんです。彼は脳梗塞で左半身が麻痺していて、僕の知り合いの鍼灸師の先生に治療をしてもらうために来日したんですね。その友人は脂っこいものとお酒が大好きで、肝臓が弱っているのですが、先生はちょっと施術しただけでそれを見抜いた。というのも、東洋医学では、ツボとツボをつなぐ「経絡《けいらく》」というのがあります。それで探ってみると肝臓と経絡でつながっている足の裏のツボが、一番麻痺が強かった。それでわかったというんですね。

㋓ なるほどねえ。

Ⓑ 僕は東洋医学を学んだことがあると言いましたが、なぜそうしたかというと、一九八八年に初めて日本に来たとき「まずは東洋医学を勉強しないと、日本人や日本文化のことはわからない」と思ったからなんです。というのは、東洋医学では、たとえば左の足首のこりを治すために、全然ちがう場所に施術したりするわけですよ。そういう、身体全体を一つの循環システムとしてとらえる見方が新鮮で、これは東洋に独特だと思ったのです。

Ⓔ　結局、人間の身体には、神経とリンパと血液の三つの流れがあって、その流れをよくするというのが、東洋医学の基本ですよね。僕も漢方を飲んでいますが、漢方の基本もやはり「血流をよくすれば、色んな病気がよくなる」というものですね。

Ⓑ　そうですね。

Ⓔ　もちろん症状に合わせて細かく調合を変えたりするのですが、やはり血流をよくするというのが重要なコンセプトの一つになっている。血流がよくなれば、老廃物や余分な水分などもオシッコになって排出されるという考えで、理にかなってるんですよね。

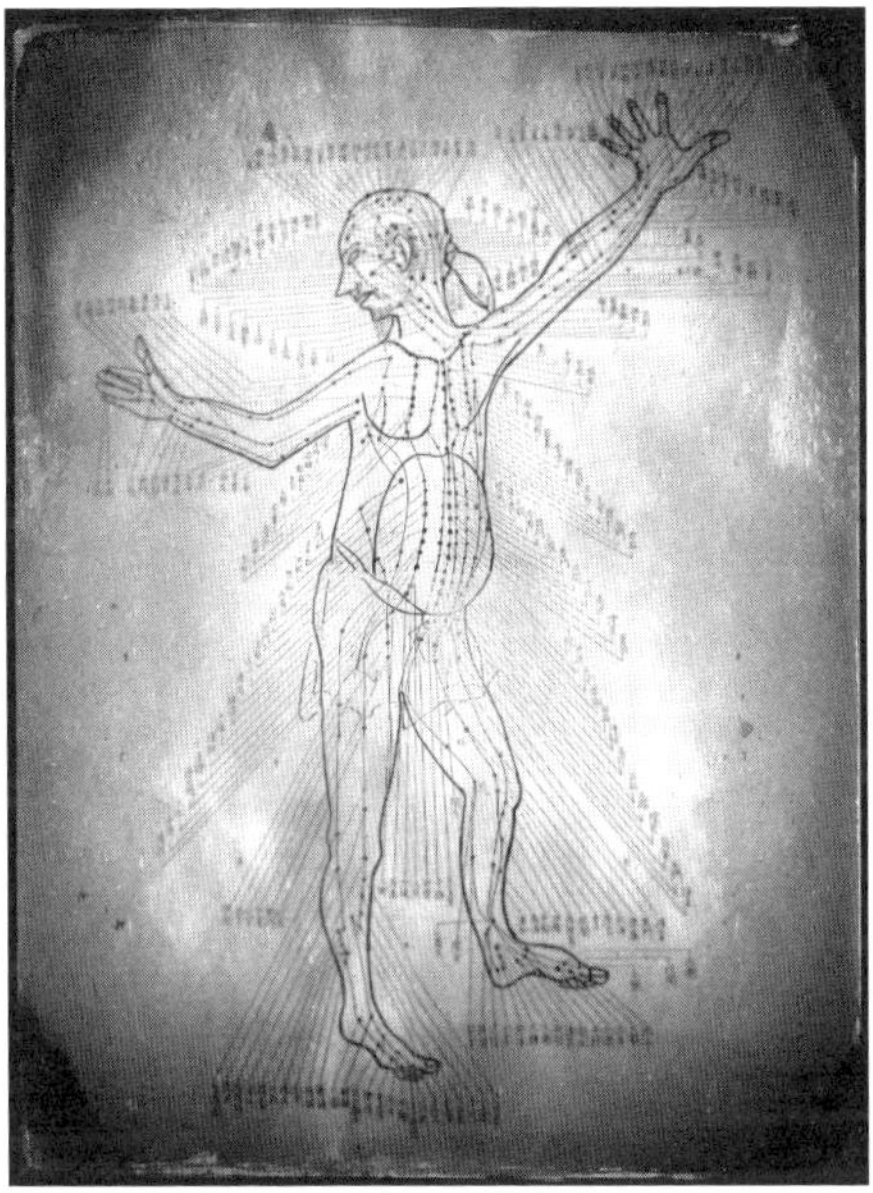

経絡図

Ⓑ　西洋医学だと、患部を積極的に治療してしまおうと考えますが、東洋医学の場合は、まず自分の身体の循環をよくして、結果として間接的に症状をよくしよう、というものですからね。

それで、その友人が鍼灸師の先生に言われて一番戸惑っていたのが、「血流をよくするために、ミミズを食べろ」と（笑）。

㋓ ミミズ⁉

🅑 漢方の錠剤になっているのですが、友人はそれにものすごい抵抗があって、最初に買ったぶんは飲まなかったんですよ。結構高いのに。

㋓ そりゃ嫌だろうな。僕だって嫌ですよ（笑）。

🅑 だから彼も飲まなかったのですが、それが先生にバレて怒られてしまったんですよ。でも本当に、血流をよくするにはミミズが一番らしいんです。つられて僕も飲むようになったのですが、効果は実感しますね。特に脳梗塞や認知症の予防などには、ミミズが一番なんだそうです。

㋓ へえ、それは驚きだなあ。

🅑 血流ということでいうと、シモの方も元気になりますし。

㋓ それはちょっと心惹かれるなあ（笑）。

🅑 まあそれは余談ですが、面白いのは、東洋医学において、足指と脳がとても関係があることなんですよ。足指を治療するために、後頭部、脳幹のあたりを刺激したりするんです。それだけでなく、さきに触れましたが足裏にはさまざまなツボがあって、たくさんの内臓の調子と密接に結びついている。だから、気功の世界では、「一番の健康法は歩くこと」と言われているんです。

㋓ そうですよね。足裏を刺激してほぐすというのは、**だれでもできる一番簡単で一番重要な健康法**ですね。でも、これが、なかなかほぐれない。特に靴下と靴を履いて生活している現代では。

🅑 だから、裸足で歩くというのが素晴らしい健康法なんですよ。自動的に足裏が刺激されて、内臓や脳の調子が整ってくるわけですから。

Ⓔ　そう、それで思い出したんですけど、最近オーストラリアでも、やはり裸足で歩くのが流行っているみたいです。自分の家から海岸などまで、アスファルトの道でも普通にペタペタ歩いていって帰ってくるんです。それがすごい気持ちいい、ということでブームになったらしい。たぶん、それも同じ話ですよね。

## 「歩く瞑想」のススメ

Ⓔ　そういえば、ブラウンさんは以前、一九九九年に奈良県の金峯山で千日回峰行《せんにちかいほうぎょう》を達成した塩沼《しおぬま》亮潤《りょうじゅん》さんを撮影されていましたよね。第5章でくわしく話しますけど、千日回峰行って、歩くという行為の究極形みたいなものですね。塩沼さんが歩くことについて仰ってたことってありますか？

Ⓑ　実はね、彼は今「歩く瞑想」を人びとに広めたいと考えているんです。

Ⓔ　ああ、なるほど。歩くときって、もちろん程度の差はありますけど、少なからず瞑想していますよね。

Ⓑ　そうですよ。

Ⓔ　僕はずっとロードバイクに乗っていますが、ロードバイクで一〇〇キロや二〇〇キロ、あるいは三〇〇キロメートル近く走ると、自然と瞑想に入っていきます。でも僕の経験上、自転車に乗ってい

必要なところだけに力が入った無駄のないフォームだと数百キロ走ることもできる

ても、瞑想に入らないひともたくさんいる。ちがいは何かというと、歩くのも同じだと思うのですが、やはりフォームが重要なんですね。フォームが悪くて、動きにストレスがあったり、どこかが痛くなっていたりすると、それが邪魔して瞑想に入れないんです。

🅑 山伏修行でもそうですね。力をこめて頑張って歩いていると、疲れる上に、瞑想状態に入れない。

㋓ それと、歩くのも自転車で走るのも、信号とか他の通行人とか、周囲の状況に気を配っていなくてはなりません。だから、脳が二層式になっている感覚なんですね。片方では周りに注意し、もう片方では瞑想しているという。

🅑 面白いことに、坐ってする瞑想も同じなんですよ。もちろん信号などに注意する必要はありませんが、坐禅のとき、外界にたいしてものすごく敏感になるんです。それと同時に、意識の奥では深く瞑想しているという。和尚さんが周りを歩いていたりするのはそのためなんです。外への注意を保ちながら、内へ深く入る。

㋓ へえ、なるほど！

🅑 普通に考えると、周りのことをすべて忘れて、脳をフルで使ったほうが、いい精神状態になる気がしますよね。ところが、それだと〝思いこみの世界〟になってしまう。

㊓　客観的に自分を見る自分がいなくなってしまうんですね。それってたぶん、一種の躁状態になっているんじゃないですか。僕もね、そういう状態で書いた原稿を、翌日読み返して死ぬほど恥ずかしくなることってありますよ（笑）。

## ヘミングウェイ、孔子、アインシュタイン

Ⓑ　まあ瞑想というと少し宗教がかったニュアンスになってしまいますが、たとえば昔の偉大な作家や哲学者、科学者が、「散歩しながら考えた」という話は数限りなく聞きますよね。机の前に坐っているくらいなら、外に出て歩けと。

㊓　古代ギリシャの哲学者ソクラテスは、弟子たちと散歩しながら議論をしたそうですし、中国の思想家、孔子は『論語』に「博打でもいいから手を使え」という言葉を残していますね。つまり「アタマとカラダの両方を常に動かしていなきゃいけない」ということですよね。

Ⓑ　そのとおりです。アメリカのノーベル賞作家のアーネスト・ヘミングウェイも、立ったまま書いていたんですよ。胸くらいの高さのある本棚の上に、タイプライターをおいて。

㊓　それは素晴らしい話ですよね。つまり、過去の偉人たちは、そうやってアタマとカラダの調子を保つ術《すべ》をいろいろと編み出していたということですよね。そこから僕らは今、いろいろと学びとらな

きゃいけない。ただ単に「ああ、立って書いてたんだ、変わったひとだね」と済ましてはいけないわけで（笑）。

Ⓑ 他にも、ピューリッツァー賞を四度受賞したアメリカの詩人、ロバート・フロストは、リンゴのなる季節に集中的に詩を書いていました。彼の場合は坐って書いていましたが、机の下にリンゴを大量においておくんです。そのリンゴの香りで、詩の世界に入っていったというんですね。似た話で、一八世紀ドイツの詩人、フリードリヒ・フォン・シラーは、机の引き出し丸々一つに腐ったリンゴをいっぱいに詰めていたというんです。その匂いがないと、書くことができなかった。

㊈ 面白いなあ。同じリンゴでも使い方にちがいはあれど、それぞれ嗅覚の刺激によって思考を活性化していたんですね。

Ⓑ こうしたエピソードから学べる一番のことは、「**脳はアタマだけじゃない**」ということですよね。

㊈ ええ。

Ⓑ 今の情報化時代、脳というのはアタマ、思考のことだけだと思いがちでしょう。でも、脳というのは脳神経のことだと考えたら分かりやすい。そして、神経というのは全身につながっているんです。東洋医学の話とまったく同じで、身体全体が脳なんですね。

㊈ 過去の偉大な創作家たちは、そのことを本能的、経験的に知っていたということですよね。

Ⓑ そうなんです。例を出すと枚挙にいとまがないのですが、ノーベル賞物理学者のアルバート・アインシュタインは、裸足が好きだった。よく裸足で海岸を歩いたりしていたそうですよ。もちろん、

靴下は大嫌い（笑）。いつも素足にサンダルだったそうです。僕の大学の恩師も、彼は心理学者ですが、よく「天才的な発想がしたければ、足の親指で考えなさい」と言っていました。

㊓　いい言葉ですね。

Ⓑ　あとは、古代の彫刻も面白いんですよ。古代ギリシャやエジプトの王や神をかたどった彫刻を見るとね、必ず左足を前に踏み出しているんです。

㊓　左足。

Ⓑ　そう。僕は滋賀県にある「MIHO MUSEUM」を訪れたときにそのことに気づいて、学芸員と話しこんだのですが、英語でなにかを決断するときに〝put your right foot forward〟つまり「右足を前に出す」というんですよ。そう考えると、右足は理性とか決断とかに関係があって、逆に左足は心や直感、あるいはクリエイティビティや神とのつながりに関係しているのかもしれない。だから、古代の彫刻はみな左足が前なんじゃないかと思ったのです。それ以来、なにかを決断したいときは右足から歩いて、インスピレーションが欲しいときは左足から踏み出すようにしているんです（笑）。

## 「四天王」が「頭を冷やす」

Ⓑ　現代生活はどうしたって頭でっかちですから、とにかく頭にエネルギーが溜まりやすい。ずっと軽い頭痛があったり、イライラしたり、いつまでも悩みごとを抱えていたり、不安に苛まれたり。そ

れで心身のバランスを崩していく人がたくさんいる。そういうときの手っとり早い解決方法が、これまた歩くことなんですよ。

Ⓔ そうですね。

Ⓑ 僕の祖父は一〇四歳まで元気に生きたのですが、なにか悩みごとや問題があると、すぐに外に出て歩いていました。歩いているうちに、頭に溜まっていたエネルギーがだんだん下のほうに下がってきて、冷静になってくるんですね。足の指先から、悩みや不安が地面に吸いこまれていくというか。

Ⓔ はい。

Ⓑ で、この祖父の話から思い出すのが「四天王」のことなんです。四天王のなかに、足元に「餓《が》鬼《き》」を踏みつけている像があるじゃないですか。僕は山伏修行をしているとき、変な言い方ですけど、あの四天王になった感覚があったんですよ。

Ⓔ ほお。

Ⓑ というのも、そのとき、僕はとある大きな悩みを抱えていまして。それがね、羽黒山の山道を歩いているうちに、足から大地に流れ出していく感覚があったんです。つまり、一歩ごとに、自分の悩みや煩悩という餓鬼を、四天王のように踏みつけていく感覚があった。

Ⓔ なるほど。そういえば、昔から夫婦喧嘩をしたときって、「ちょっと頭冷やしてくる」と言って、外に出ていくじゃないですか。そして帰ってきて仲直りっていう。卑近な例だけど、それと似た部分があるのかもしれない。ずっと二人とも家のなかに居っ放しだとエスカレートするばかりだけど。

Ⓑ「頭を冷やす」というのは、そういうことなんですよね。文字どおり、頭から氷水なんかをかぶるわけじゃない（笑）。

㋓ そうそう。やっぱり歩くんですよ。歩くうちに、だんだん頭が冷えてくるんですね。冷静になる。

Ⓑ でも夫婦だとね、頭を冷やすのに一番いいのは、肌を寄せ合うことなんですよね（笑）。

㋓ なるほど（笑）。でも、夫婦喧嘩のあとで、そんな雰囲気になります？

Ⓑ まあ、内容による……（笑）。それは余談ですけど、やっぱりまずは歩くこと。そして家に帰ったら仲直りしてセックスすればいい（笑）。

## 日本人はＬＳＤ《ロング・スロー・ディスタンス》民族？

㋓ ちょっと話が変わりますが、昔、アメリカにマーク・アレンというトライアスリートがいました。ハワイのアイアンマンで五度優勝したことがある伝説の選手なんですが、アイアンマンディスタンスのトライアスロンって、スイム三・八キロ、バイク一八〇キロ、ランがマラソンと同じ四二・一九五キロで、全部で二二六キロメートルもあるんですよ。

Ⓑ それはハードですね。

㋓ 競技時間も優に一〇時間を超えるくらい。やはりそこまで過酷になると、肉体もさることながら、精神的な部分が大事になってくるんですね。長丁場のなかで、一度精神的に崩れたらもう終わりなわけです。そこを鍛えるために、マーク・アレンはなにをしていたかというと、一〇時間近くウォーキングをするんです。

Ⓑ ほお。完全に修行ですね。

㊤ そう。もう一〇時間歩いたら、完全に瞑想状態に入ってくるじゃないですか。彼は坐禅をトレーニングに取り入れていたことでも有名な選手で、「禅マスター」などと呼ばれていて、その禅マスターが重視していたのが、やはり〝歩く〟というエクササイズだったんですね。

それを聞いた当時は、僕もまだ若かったから「歩くだけで練習になるのかよ」とか思ってもいたのですが、今になってみるとその意味がよくわかる。もちろんアレンはそれとは別にハードなトレーニングもしているのですが、ハードなトレーニングをするからこそ、ウォーキングが活きてくるという。

Ⓑ 歩くのって、たぶん**人間にとって一番自然な運動**なんだと思うんですよ。ストレスがあまりかからないから、自分の身体と心のいろんな細かい部分がよくわかってくる。集中力、持続力を養うには最高のエクササイズですよね。

㊤ そうですよね。以前聞いたことがあるのですが、江戸時代までの日本人って、人生において走ることって滅多になかったらしいんです。もちろん、火事のときに逃げたり、泥棒を追いかけたりするときは走ったと思いますが、それ以外に日常のなかで走る機会ってほとんどなかったそうなんですよ。それでいながら、いきなり一日に二〇キロとか平気で歩いて移動できる。飛脚はさらにすごいですが。

Ⓑ 早歩きなどはあったと思いますが、でも、たしかに走るというのは、あまりポピュラーな身体活

動じゃなかったかもしれない。いや、面白いですね。だから僕は思うんですが、今はランニングが日本でも一般的なエクササイズになっているじゃないですか。これは一つの〝現代病〟だなあ、と最近感じていました。でも、今でも昔ながらの生活をしている少数民族の多くは、よく走りますよね。

Ⓔ　たぶん、それは獲物を追いかけるからじゃないですか。

Ⓑ　単純にはいえないかもしれませんが、日本人は狩猟採集というよりは、ある時点から農耕生活が主になっているから、獲物を追いかける必要が次第になくなっていった。だから瞬発的な動きをするっていうよりは、淡々と一定のペースで移動するやり方がメインになっていったのかもしれない。絶対的なスピードよりも、持続力重視という。

Ⓔ　そもそも、昔は食べものが豊富にあったわけではないから、できるだけ心拍数を上げずに、基礎代謝もできるだけ下げて、省エネで移動するっていうのは合理的ですよね。

Ⓑ　それが日本人の身体感覚の一つのベースになっている。

Ⓔ　ええ、だから**LSD民族**なんですよ。LSDっていうのはクスリのほうじゃなくて、ロング・スロー・ディスタンスの略ですね。スポーツの世界で、「長い距離を、できるだけ心拍数を上げずに、ゆっくりと走るトレーニング」を言うんです。これをやると身体が省エネ化します。昔の日本人はそれが得意だった。基礎代謝が高いというのは、現代では「痩せやすいからいいことだ」という風に見られがちだけど、言い換えれば「燃費が悪い」ということですからね。

Ⓑ　時間の感覚も、今とはだいぶちがったんでしょう。落語などを見ても、みんなのんびりしてます

ものね。

㊀ そうそう。僕の箱根・芦ノ湖の釣りの師匠に野崎茂則《のざきしげのり》さんという方がいるんですけど、彼は昭和一六年の生まれなんです。彼は子どもの頃、芦ノ湖から小田原まで歩いて下っていって遊んでいたというんですね（笑）。それが普通だったと。早朝に出て、日暮れ前に帰ってくるわけです。しかも下駄履きで！　つまり、遊びといったら全部一日がかりなわけですよ。それって、江戸時代のひとの感覚に近いかもしれない。戦後ちょっとまでは、まだそういう時間感覚があったんですね。

## トランスに入れなくなった神楽の舞人

Ⓑ 足と脳のつながりのことで、芸能の世界でとても重要な話があるんです。僕は初めて日本に来てから、宮崎県の銀鏡《しろみ》で行われる神楽《かぐら》を長年見に行っているのですが、このあいだ、神楽が行われる神社の宮司さんから、とても興味深い話を聞きました。なにかというと、最近、神楽の舞人を務めるひとたちが、なかなかトランス状態に入れなくなっているというんですね。

㊀ 本来なら、踊るうちにだんだんトランスに入っていくことで、神や自然の意思を感じていくもの。

Ⓑ そうです。一九六〇年代くらいまでは、全国津々浦々で日本人がトランス状態に入っていたんです。だけど、だんだんトランスに入れなくなって、自然の意思を感じられなくなっていった。すると、舞に迫力がなくなって、観客も盛り上がらないと。で、なぜトランス状態に入れなくなったかという

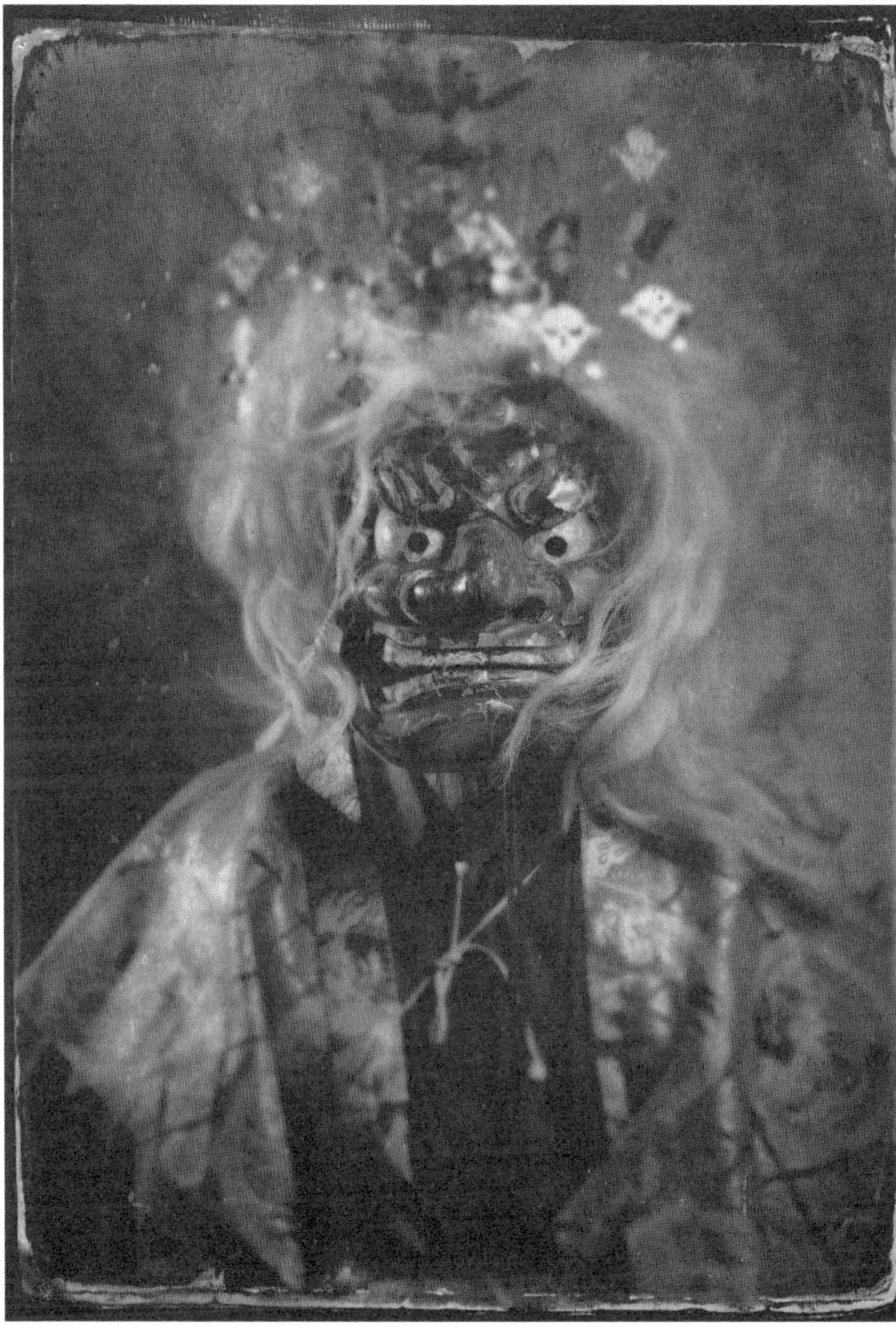

銀鏡神楽

と、宮司さんがとても鋭く見抜いていたのですが、みんな神楽の練習場まで車で来るようになったからだというんです。

㊀　以前は歩きで来ていたんですか？

Ⓑ　そうです。行き帰りの歩く時間が、踊りの練習とは別に、とても重要だったというんですね。

㊀　なるほど、そういうことかあ。

Ⓑ　行きは、歩きながらイメージトレーニングをして、ウォーミングアップをするわけです。それで帰りは自然の空気を吸いながら、踊りの仲間と途中まで一緒に歩いていく。そのなかで、その日の練習の復習や意見交換をしていたんです。そうして歩く時間のなかで、踊りが頭だけじゃなく、身体に入ってきていた。

㊀　……それは深いなあ。でも、本来祭りというのは、トランス状態にみんなで入っていくのが、大きな目的ですもんね。

Ⓑ　そのとおりです。みなでトランス状態に入って、いったん日常を忘れることで、そのなかからより深い見方が生まれていく。僕は日本全国の祭りを取材してきましたが、今でも元気のあるお祭りというのは、だいたいお神輿を担いで、とても長い時間練り歩くんですよ。つまり歩かないと、トランス状態に入りにくいんです。

㊀　夏だと暑いし、そんななかで長時間練り歩くわけだから、トランス状態にならないとやってられない（笑）。

Ⓑ　そうです（笑）。さっきのトライアスロンの話と一緒で、長い時間歩くというのがポイントなんですよ。

㋓　だから、祭りというのは長年続いてきたし、これからも続ける価値があるんですね。トランス状態になって非日常のなかに身をおくことで、普段以上のエネルギーを発揮する。だからこそ、子どもは祭りのなかで大人になってきたわけです。

## 外国人は〝生きた祭り〟が見たい

Ⓑ　僕は京都に来る前は千葉に住んでいたのですが、千葉の大原の漁師たちがやっている「はだか祭り」はホンモノの祭りですよ。数年前に、祭りの最中に落雷で死傷者が出てしまって、警察が祭りを中止しようとした。でも漁師たちが「やめるなんてとんでもない！」と徹底的に抵抗して、続くことになったのです。

㋓　祭りの大切さを知っているんですね。

Ⓑ　そうですよ。銀鏡と同じで、はだか祭りでも神楽をやります。あるとき、舞台のすぐ前で小学生の男の子が神楽を見ていたのですが、そのうち身体が自然に動いて、一緒に踊りだしたんです。自分でも気がついていなかったようなのですが、それを見た舞人たちが、次の踊りのときに、その子を裏方として舞台裏に入れたんです。つまりはスカウトですね。

㋓　それはいい話だなあ。そうやって〝生きた祭り〟は続いていくんですよね。

Ⓑ　今は観光資源化している祭りが多いですからね。時間もきっちり決められて、形どおりやればいいという。祭りって本来、時計を見ながらやるものではないでしょう。

㋓　後先考えずにやるものですもんね。終電逃したら、適当にそのへんで寝ればいいや、みたいな。

Ⓑ　朝まで飲み明かそうぜっていうね。だから「決められたマニュアルどおりにやろう」とか「この程度でいいや」という意識でやっている祭りは、面白くないんですよ。それは日常とまったく同じ意識で、祭りの本来の精神とは対極なんです。

㋓　そこらへんでだれかがセックスしてても、「放っとけ放っとけ！」とか。

Ⓑ　そうそう（笑）。だから祭りって、カッチリ決めてやるもんじゃなく、まあ言い方は悪いけど、ダラダラ長くやるものだったんですよね。

㋓　そうでしたよね。もうお昼頃からお囃子が流れだして。子どもたちも浴衣を着て、次第にそわそわしはじめるという。

Ⓑ　「今からはじめますよー」という感じじゃないんですよ。今じゃ「近隣の住民から苦情が来るので、午後六時からはじめて九時で終了します」なんて、普通ですからね。なんじゃそりゃ、という。

㋓　そうすると、だんだん形骸化していっちゃうんでしょうね。特にはだか祭りみたいなものだと、教育衛生上よろしくないという意見があったりすると思います。外国から観光客もきているのに、股間がポロリしちゃったらマズいとか、そんな次元の話になってしまう。

大原のはだか祭り

Ⓑ　外国人はね、むしろそういう祭りを見たがってるんです。
㊁　そうでしょ？　だから明治時代になって、混浴が禁止になったのと同じ話じゃないですか。「そんなみっともない習慣、外国人に見せちゃいけない」という役人の独り合点で。

## ショッピングモールでトランス状態に入ろう!?

㊁　これは、あるデパートの呉服売り場で働いている女性から聞いた話なのですが、彼女は福島県の会津の生まれなんです。土地柄もあったと思いますが、子どもはみんな下駄で学校に通っていたそうなんですね。そんなある日、突然「明日から下駄での登校を禁ずる」と学校で言われたというんです。
Ⓑ　クツを履きなさいと。
㊁　いわゆるズック靴というやつですね。彼女は「そのとき、私、とても悲しかったんです」というんですよ。慣れないズック靴の歩きづらさもあったのですが、それ以上に、下駄は子どもたちの宝物だったんです。お正月や誕生日になると、好きな鼻緒を選んで、それをすげてもらった下駄を買ってもらう習慣があったんですね。
Ⓑ　決して豊かじゃない時代のなかで、それが一大イベントだったんでしょうね。
㊁　そうなんです。僕も下駄を履くようになって、その女性の話がよくわかるようになりました。そして同時に、たった五〇年で、人間は大切なものを失ってしまえるんだということもわかったんです。

Ⓑ　実は神楽も一緒なんですよ。一九五〇～一九六〇年代の初め頃に、ブラッカーというイギリス人の文化人類学者が日本各地の神楽を調査したんですね。その結果をまとめた彼女の著書『あずさ弓――日本におけるシャーマン的行為』（岩波書店）によると、どこの地方でも、六〇年代に入ってから神楽が減っていっている。それはなぜかというと、やはりトランス状態に入れるひとが少なくなっていったからだと。おそらく履物が靴に変わって、歩き方が変化したのと関係があるのだと思います。

㊁　そうですね。あと祭りということでいうと、これは自分の価値観がかなり変わる発見だったのですが、今どきはショッピングモールのなかで祭りをやってるんですよね。

Ⓑ　やっていますね。ちゃんと法被《はっぴ》を着て、太鼓をたたいて。ショッピングモールが、かつての「村の広場」みたいになっている。

㊁　そうそう。最初に聞いたときはね、正直「そんなの祭りじゃないだろ」とか思ったんですけど、よく考えてみたら、祭りの機能がショッピングモールに残っているんだったら、そこから活性化していくのも素晴らしいやり方なんじゃないかって。

Ⓑ　だから、団地のお祭りが必ずしも本物の祭りじゃない、ということではない。アリなんです。

㊁　全部を昔の形に戻すなんてできませんからね。現代の生活に合った形に変えていかなきゃいけない。だから要は、ショッピングモールでみんながトランス状態に入れればいいわけですからね（笑）。

Ⓑ　それは素晴らしい。ショッピングモールで本物のウォーキングをやって、本物のお祭りをする（笑）。

㋓ 一種の逆転の発想ですよね。グッズはなんでもあるわけだから、お祭りの道具もすぐに揃います
よ。

🅑 いやあ、それはぜひやりたいなあ。革命的かもしれない。子どももたくさんいますからね、みんなに「靴下なんか脱いじゃえ！　足半や下駄を履こう！」とか言って（笑）。

㋓ まあそれは余談なんですけどね（笑）。でも下駄の話で最後に思い出しましたが、岐阜県の郡上《ぐじょう》に、みんな下駄を履いて参加するお祭りが今でもあるんです。「郡上おどり」っていいます。それがね、下駄を鳴らしながら、ずーっとひたすら歩いていく。

🅑 いい音でしょうね。

㋓ 最後はみんなトランスに入っていきます。それで、旧街道沿いに昔ながらの履物屋さんが四、五軒残っているそうなんです。踊りに参加する人は、みんなそこで下駄を買う。それで、店によっては一日に一〇〇〇足売れるというんですよ。なんでも、年間の売上げの四割くらいを、そのお祭りの期間中にかせぐという。

🅑 へえ。

㋓ お客さんが来ると、ちゃんとまず足を採寸して下駄のサイズを決めて、鼻緒を仮結びして、痛くないかを確認するんです。それで痛くなかったら、「じゃあ四〇分後にまた来てね」って言って、そのひとにあったものに仕上げてから売るんですよ。驚いたのが、値段がとても安いんですよ。四〇〇〇円か五〇〇〇円くらいだったかな。

Ⓑ　そんなに安いんですか？

㊟　ちゃんとした本格的な下駄だから、普通なら倍以上はすると思うんですが。まあ、お祭り期間中の特別価格ってことなのかもしれない。だから履物屋の前に行列ができているんです。さらにすごいのは、お店にストックしてある分が全部はけちゃって、その場で木から新しい下駄を切り出していたりするんですよ。

Ⓑ　いやあ、気合が入ってますね（笑）。

㊟　そうなんですよ。そうして買った下駄を鳴らしながら歩くのですが、男のひとってやっぱり威勢よく下駄を鳴らさなきゃいけないんです。そうすると、下駄が割れちゃうことがある。それでまた買いに来てくれるという（笑）。

Ⓑ　いい祭りですね。下駄の音と、大人から子どもまで入り混じって、みんなで行進していくという一体感が、トランス状態に導いてくれるのでしょうね。

話は尽きないですが、それじゃあ「足」はこれくらいにしておきましょうか。

# 第2章 手——なぜヤクザは〝小指〟を詰めるのか

小指からつり革を握るサラリーマンは仕事ができる。
——エンゾ・早川

## 箸使いから人間性が見える

Ⓑ 日本の「手」の文化ということでいえば、まずは箸を取り上げないわけにはいかないでしょう。あれは身体論的に、とても高度な道具でしょうね。

㋓ まさにそうですね。最近、箸をうまく使えない子どもが増えてきているようですが、それは彼らの親世代が箸をちゃんと使えていないからだと思います。親、特に父親がなんとなく箸を使っているから、子どももなんとなくしか使えない。

Ⓑ 最近気がついたことなのですが、箸を持つときって、薬指が敏感になるんですよ。

㋓ ほお、薬指ですか。

Ⓑ 基本的に箸は親指、人差し指、中指の三本で持ちますが、薬指はその三本を支える〝**土台**〟の役割をしているんです。だから、箸を開いたり閉じたりするときにも、薬指の力加減がとても重要。そ

して、東洋医学の経絡を見ると、薬指は鼻と深くつながっているんですね。

㋓　それは面白い！　じゃあ、きちんと箸を使って食べると、嗅覚が敏感になって、より美味しく感じられるのかもしれない。

Ⓑ　そのとおりだと思います。薬指は、紅さし指とも言われ、昔の女性は紅を薬指でスッと取って唇に乗せていました。また塗り薬も同様に薬指で塗っていたんですね。これは余分な力が入らないからです。そして、この薬指の微妙な感覚こそが、僕は日本料理の繊細さの源になっているんじゃないかと思うんですよ。

㋓　なるほど。そういえば、数年前に「和食」がユネスコの無形文化遺産になりましたが、そうした話は一切取り上げられなかったですよね。入れたら面白いと思うんだけど。

Ⓑ　あれはちょっと失敗だったんじゃないかと思いますね。それこそ「クールジャパン」と同じで、表面的な内容だけに終わっていましたから。だって、発酵文化の話も入ってないんですよ！　和食といえば、発酵文化なのに。切り離せないもののはずなんです。

㋓　日本独特の文化がいろいろあるはずなのに、通り一遍の内容じゃ、ね。

Ⓑ　そう。だからまずは箸のことをもっと丁寧に海外に発信すべきだと思うんです。経絡の話でいうと、指の内側、というか親指側の側面のくぼんでいる部分に、重要なツボが多いんです。箸使いとの関係でいうと、そこは箸を乗せる〝台〟になっている。そこを使うことが体調や感覚を整えることに繋がっているということで、東洋医学的にも、箸は理にかなっている道具なんですね。

そういえば思い出したのですが、いまって子どもに箸の使い方を教えるのに、豆をつまんで別のお皿に移すという練習をさせるでしょう。

㊓ はい。

🅑 もちろん意味がないことはないと思うんですが、結局それは「つまむ」動作だけを取り出して練習していて、でも本当はもっとダイナミックに箸を開いたり閉じたりという練習が必要になるのかなと考えています。そこまでいかないで「箸が使える」ことになっているのかもしれないですが。

㊓ まさにそれに関連するエピソードがあります。いまから一〇年くらい前の話で、たしか光学メーカーさんだったと思うのですが、「箸を使って焼き魚を食べる」というのを入社試験にしていた会社があったんです。

🅑 目のつけどころが素晴らしいところですね。

㊓ そうなんです。その後けっこう有名な話になりましたが、この試験を受ける現代の若者たちには相当なプレッシャーがかかるだろうなと。

🅑 焼き魚を食べるときって、箸を開いて閉じて、切ってつまんでっていう、すべての動作を使いますものね。

㊓ それこそ身をほぐすのに、両手で一本ずつ箸を持ったりしたら即不合格でしょう……。だから、焼き魚を食べているうちに、

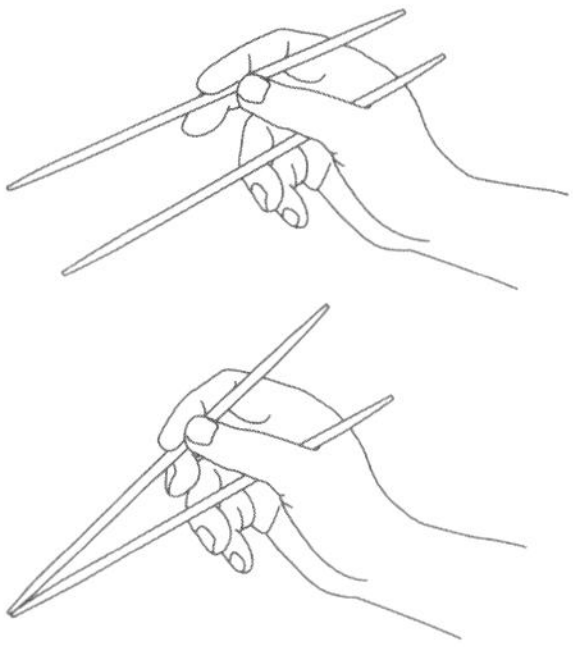

箸は「開いて閉じる」より、「閉じてから開く」が大事

日本人は箸の使い方がここまで高度になったんじゃないかと思ったりもします。つまり、食材からの要請で道具と技術が向上した。堅い肉などがメインだと箸のような繊細な道具ではなく、やはりフォークとナイフが必要になります。

Ⓑ 日本の食事ということで注目したいのは、かつては一人ずつ「お膳」というのがあったでしょう。面白いなと思うのは、日本は集団意識が強い国だと言われている。それなのに、食事は一人ずつの世界が確保されている。スポーツや競技・競争への意識もそれに似ていると思います。それこそ剣豪の果たし合いではないですが、一対一の世界が大事にされている。

㋓ なるほど、たしかにそうですね。なぜ日本人が野球を好きかといえば、ピッチャー対バッターという一対一の〝真剣勝負〟に魅せられているという部分が大きいと思います。

## なぜ小指を立てると「女らしい」のか

Ⓑ 話を戻すと、箸を持つときには小指を使いませんよね。でも小指の感覚がしっかりしていないと、うまく箸を使えないという感覚があるんです。

㋓ まさにそうで、小指というのは、〝**スタビライザー**（船や飛行機に取りつけられる安定化装置）〟の役目を果たしているんです。

Ⓑ 小指は一番必要じゃない指だと思われているけど、そうではない。

㊓　料理をつまんだり切ったりするときにはあまり使わないんですが、箸で食べものを持って、口に運ぶときにかなり力が入るんですね。

🅑　たしかに。小指を軸に方向転換して、口に持っていく感じですね。あえて小指をフリーにすることで、スタビライザーとして機能できるようになっている。

㊓　そう。それが美しい所作とされてきたんだと思います。

🅑　ティーカップやワイングラスを持つときにも小指が立ちますね。これ実は、プロトコールではバッドマナーなのですが、日本の礼儀作法と同じように、小指を立てずものをスッととらえることが大事とされてます。茶道でもうるさく言われます。

㊓　持つ部分が小さいですから、自然と立つんですよね。

🅑　そうです。でもそれは非常に計算された機能美で、そうして小指がスタビライザーの役目を果たすように設計することで、安定します。

㊓　でも一昔前は、小学校とかで男の子が小指を立てて飲みものを飲んでいると、「女みたい」とバカにされていましたよね。

🅑　そうそう。でも、いまの話の文脈でいえば、そういう子のほうが繊細で感性豊かということになりますね。

ところで、少し考えてみたいのですが、なぜ男が小指を立てることが、いわゆる女性的とみなされるのでしょうか。これは昔からずっと疑問なんです。考えてみれば、小指が立っていることが、繊細な動きをするのに関係しているからというのは大きいですよね。

㋓ 僕は、あえて小指の爪を少し伸ばしているんです。というのも、自転車屋の仕事をしていると、小さな部品やネジを拾ったり、いじったりしなきゃいけない。そういうときに小指の爪を使うんです。硬さも絶妙で、なにより敏感なんですよ。だから僕は「小指の爪は最高の工具」だと思っているんです。

Ⓑ なるほど。あ、いま気がついたのですが、**日本で「男らしい」とされる動きというのは、ぜんぶ小指が内側に握り込まれている**んですね。

㋓ ああ、たしかに！

Ⓑ そのほうが力が入りやすいですし、指がすべて内側に入っているから、アクシデントで切れる心配もない。特に刀を持っているときは、「絶対に束《つか》から小指は外すな」と指導されると言われています。

㋓ 銃も同じだと、猟師の知り合いから聞いたことがあります。あとラケットとか釣り竿もそうですね。よく考えてみれば、これって全部「武器系」の道具ですよね。

Ⓑ そうそう。箸とかティーカップとかワイングラスでは戦わない（笑）。

㋓ となると、「**武器＝男らしい＝小指を立てない**」となっていったんでしょうね。その逆に、女性は小指を立てるようになっていったと。いや、面白いなあ。

Ⓑ そういえば、昔から「漁村に嫁不足なし」という言葉がありますよね。長時間の力仕事ですから、

当然、小指をしっかり握りこめる男じゃないといけない。それが男としての魅力、生命力につながっているんでしょうね。

㊓　農業のほうは今ではかなり機械化されていますが、漁業はなにしろ相手が海なので、いまだに人間に頼る部分が大きいです。

## 女は男の指を見る

🅑　これは芸者さんから聞いた話なんですが、男のひとと一緒にお寿司屋さんに入ったときに、どういう順番でお寿司を頼むかで、そのひとのキャラクターがわかるというんです。

㊓　コハダから入るのか、それともいきなり赤身にいっちゃうのかとか。

🅑　そう。それと同じで、お寿司を手でどう持って食べるかも、彼女はよく観察するというんですね。いいお寿司屋のシャリは柔らかく握ってありますが、もちろんシャリを潰して醤油のなかに落としたりしたら即アウト。それは論外で、どういう〝手つき〟で食べるかによって、より深くその男性のキャラクターがわかるそうです。

㊓　お寿司を手で持つときも、箸を握るのと同じで、やっぱり親指から薬指までの四本で持つんですよね。で、小指はどうしているかというと、やはりスタビライザーになっている。そういう小指の〝敏感さ〟も女性はよく見ているのかもしれない。

腰紐を締めるのは薬指と小指

Ⓑ　実は指輪もはめる指によってある種の呪術的な意味が付されるそうです。諸説あるようですが、台湾で翡翠の指輪を買った時に、その道三〇年のオーナーに教えてもらったのは、小指は、恋を呼び寄せる。薬指は女性的な魔力をコントロールするため。古代エジプトでも、心臓と薬指は一本の血管で真っ直ぐつながっていると考えられ、そうした魔力を扱うために薬指に指輪をはめたという話が残っています。中指は商売繁盛、金運アップ。人差し指は、人の上に立ち、物事を良い方向に導き達成したい場合にするもので、かつて王侯の多くが権力の象徴として人差し指に指輪をつけていました。

㋓　なるほど。

Ⓑ　改めて見ると、小指というのは不思議な指ですよね。親指以外の四本のなかで、一本だけ明らかに短くて細い。でも、それゆえに果たせる機能というのがあるんですね。先ほど刀やラケットの話が出ましたけど、小指はスタビライザー以外にも、大きな力を出すときにも大切なんですね。着物を着

る時に最も大事なのは腰紐。極端に言えば、この一本で着物を着ると言っても過言ではありません。洋服は肩で着る、着物は腰で着るといわれるゆえんです。それでこの腰紐をギュッと結ぶのに、一番大切なのは薬指と小指。他の指はそれらに軽く添えるだけで、微調整担当なんです。

㋓　手のひらを上に向けて、薬指と小指を中心にしめることになる。

実は自転車も同じで、小指がとても重要なんです。ロードバイクのハンドルを持つときって、必ず小指から持つんですよ。そうすると、小さな力でハンドルを固定できて、しかも大きなパワーを発揮できる。人差し指とか中指なんかは本当に脱力していて、「舵」として働いているんです。まさに腰紐のしめ方や刀の持ち方と同じです。

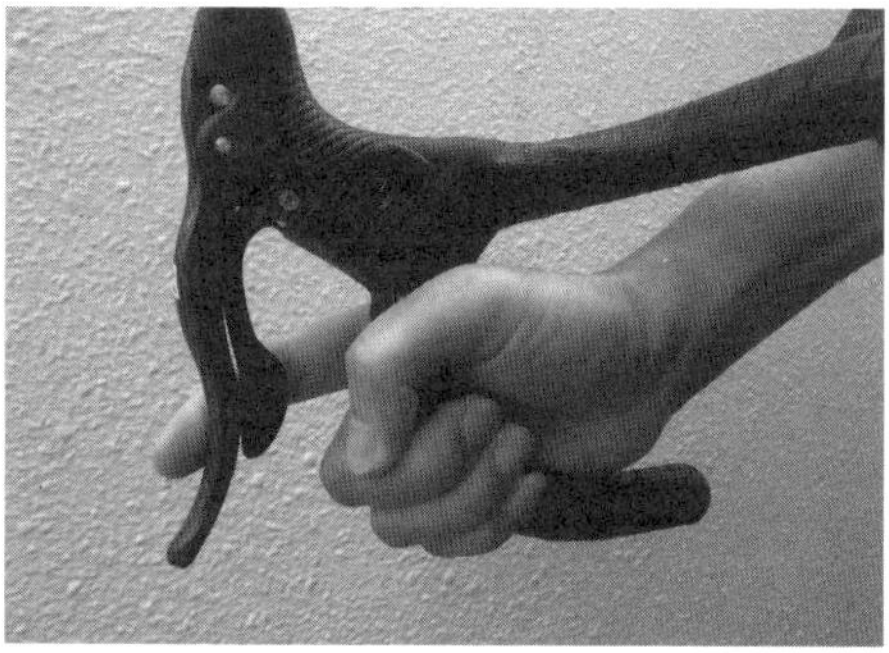
自転車グリップ

🅑　前から気になっていたことで、映画などでもよくあるシーンですが、ヤクザは「落とし前」をつけるときに、小指を詰めるじゃないですか。なぜなのかなと思っていて、一説には、「ドス」を使えなくするためだといわれているようですが。

㋓　ドスは相手に突き刺して使うもの。そのときに、やはり小指から握って、大きなパワーを出す必要があります。だから、小指がないと、ドスで相手に致命傷を与えられない。

🅑　そしてドスが使えなければ、昔のヤクザだったら戦闘員として役に立たないので、つまりは廃業と同じことだった、とも聞いたことがあります。

㋓ なぜ小指から握ると大きな力が出せるのかといえば、**手首が固定できる**からなんですよね。逆に人差し指中心に持つと、手首ってグラグラして極まらないんです。

🅑 たしかに、子どもに初めてテニスラケットを持たせると、手首でグニャングニャン振りまわしてしまいますね。

実は、農作業で使う「鎌」も同じなんです。僕は以前、子どもたちのための農業体験をやっていたのですが、最初に鎌をわたすと、親指と人差し指から持って、手首で振ってしまうんです。

㋓ なるほど。

🅑 そんな振り方だと、もちろん草は切れないし、勢い余って自分の体を傷つけかねない。でも、小指の方から握って、脇を締めて振るように教えると、みんなうまくなるんです。そうやって〝正しく〟体を使うのって、単純に気持ちがいいんですよね。

㋓ それはまさに自転車も同じで、やはりフォームが大事なんです。正しいフォームで走れていると、勝敗とか優劣とかじゃなくて、走ることそのものから絶対的な快感、幸福感を得られる。調子よく走れてるときって、脳内麻薬がバンバン出てるっていう実感があります。第1章の話じゃないですが、トランス状態に入ってくる。

🅑 それと餅つき。これも同じなんですよ。力を入れるのは杵を持ち上げるときだけ。落とすときは、肘から先は脱力している。そして最後に、小指と薬指を持ち手にかけたまま、中指から前を手放すと、力が入って、ポン！　といい音がするんです。

㋓　一瞬、手放しちゃうくらいの感じなんですよね。畑を耕すのに鍬《くわ》を使うときでも、振り下ろすときはスコン！　と脱力している。それこそ親の仇だと思ってブンブン振り下ろしてたら、すぐ疲れてしまう（笑）。

Ⓑ　そう。農作業にしても餅つきにしても、長い時間働かないといけないわけでしょう。そうすると、瞬発的なピーキーな力よりも、安定して一定のパワーを出すための筋肉の使い方が重要になる。

㋓　よくボクシング漫画で、弱い子を鍛えるのに、そういう体の使い方を教えるシーンがありますよね。パンチのキレを出すには、最後のパチン！　が重要なわけじゃないですか。それにはうまく脱力することが重要で、絶対的な筋力とはあまり関係がないから、弱い子でも習得できる。

Ⓑ　そういう考えや身体性が、生活に組み込まれた農作業のなかで連綿と培われてきたんでしょうね。第1章の「日本人はＬＳＤ《ロング・スロー・ディスタンス》民族」ということにも関連してきますね。

## なぜ薪割りがレジャーになるか

Ⓑ　そういえば、ロードバイクというのは究極の持久スポーツですよね。いまの話とも重なってくる部分があるように思います。

㋓　まさにそうですね。ロードバイクのペダリングも、農作業や餅つきと似ているんです。つまり、一回一回ペダリングを意識して踏ん張っていたら、すぐ疲れてしまう。だから上達するにつれて、ペダリングが〝機械化〟されてくるんです。

Ⓑ ロードバイクでは、シューズをペダルに固定する「ビンディング」を使いますよね。あれはどういう効果があるんですか？

㊓ それも先ほどブラウンさんが餅つきのところでおっしゃっていた「肘から先が脱力している」のと同じ話で、ビンディングによって足とペダルが固定されていることで、膝から下はほとんど脱力できているんです。力が入るのは登りのときくらいで、平地では完全に脱力しています。脚で意識するのは、太ももの上の方、体幹に近いところくらいですね。そうすることで、大きな筋肉を有効に使え、結果として長く、速く走ることができる。

でもビンディングがないと、一回一回ペダルを踏まなければいけない。それだとすぐに疲れてしまうんです。パワーは出ても、それを持続できない。餅つきの話にとてもよく似ていますね。

Ⓑ たしかにそうですね。でも、そうした「効率よく長時間動ける」体の使い方をするというのが、現代の日常生活ではなくなっていますよね。

㊓ いまは「時短」が流行りですからね……。長時間の作業というもの自体が、なかなか成立しないですね。

Ⓑ わざわざ長い時間をかけて一つのことをするというのは、現代ではむしろ贅沢になっていますよね。それこそ、薪割りがレジャーになる時代ですから（笑）。

㋓　薪割りね。僕はほとんどやったことないんですが、上手なひとの薪割りって本当に芸術的ですよね。力んでいるところが全然なくて。

🅑　最初にコンコンとたたいて、最後にスコン！　と割るんですよね。そういえば、埼玉のほうに川崎晶平さんという刀鍛冶の方がいるんですが、彼が炭をナタで切っていく動画を見たことがあるんです。それがとても機械的で、美しい。

㋓　金太郎アメを切るのもそうですよね（笑）。あれも上手にやらないと割れてしまうでしょうから。そうすると必然的に、美しく洗練された動きになってくる。

🅑　そうですよね。僕は鍛冶屋さんを撮影する機会がときおりあるんですが、彼らの身体の使い方や集中力にいつも感動するんです。あれほど長く働く職業、他にちょっと思いつかないですよ。

㋓　「村の鍛冶屋」という童謡でも、「しばしも休まず槌打つ響　飛び散る火花よ　はしる湯玉　ふゐごの風さへ息をもつがず　仕事に精出す村の鍛冶屋」と歌われてるくらいですから。

🅑　いまはだいぶ機械が導入されていますが、昔は二人一組になって、トンカンひたすら鉄を叩いていたわけですからね。途中で「腕攣《つ》っちゃったからタイム！」とはならない。いまでも兵庫県に、そういう鍛冶屋のご夫婦がいるんです。二人でずっとトンカンしている。
　それと僕はね、祭りの和太鼓をたたくひとの腕の動きに興味があるんですよ。

㋓　それもロードバイクのペダリングと同じで、毎回腕をピストンしていたらダメなわけじゃないですか。だから、腕で叩くというより、腕をリズミカルに回してる感じですよね。腕というよりは、肩とか背中の筋肉を使っている。そうじゃないと持たない。

Ⓑ　祭りも超長時間ですからね。

㊓　そうそう。いまでも神奈川県の南のほうだと、お祭りで子ども神輿があるのですが、小さい子が太鼓を叩いてます。そういう場で、昔の子どもは洗練された身体の使い方を学んでいたのかな、と。小さい頃からやるからこそなんでしょうね。

Ⓑ　踊りが上手なひとはね、太鼓もうまいんですよ。

㊓　たしかに。関連してる部分があるんでしょうね。

Ⓑ　和太鼓がうまくなると、肩こりも治るんだろうな。

㊓　それはそうでしょうね（笑）。

## フライフィッシングとテンカラ釣りのちがい

㊓　もう一つ、農作業や太鼓の腕の動きと似ているものに、「テンカラ」という日本古来の釣りがあるんです。テンカラも、腕を柔らかく使って、背中で竿を振るんですよ。

Ⓑ　ぜんぶ関連し合ってるんですね、古くからの身体の使い方というのは。

㊓　そのとおりだと思います。反対に、西洋の「フライフィッシング」は、肘の位置を高くたもって、腕で竿を振るんですね。テンカラよりもピーキーな力の使い方で。この対照は面白いなあと、以前か

ら思っていたんですよ。

Ⓑ　竿の握り方もちがうんですか？

㊟　まさにそこがポイントだったんだと、いまお話ししていて気がついたところです。テンカラは小指と薬指で握るんですが、フライフィッシングは親指と人さし指を中心に握るんです。フライの方が力の使い方がピーキーだと言ったのは、そこが原因なんですね。対して、テンカラはずっと竿を振り続けなければいけないから、より持久的な筋肉の使い方ができるように洗練されていったんだと思うんです。

Ⓑ　フライフィッシングのほうが絶対的なパワーが必要なんでしょうね。

㊟　はい。フライフィッシングはライン（道糸）の重さでフライを飛ばします。だんだんラインがのびていって、重たくなってくると、テンカラのような握り方ではロッドを振れないんですよ。だから、親指と人さし指を意識した握り方になったという。

Ⓑ　なるほど。

㊟　だからといって、フライフィッシングが繊細な釣り方ではないというわけでは決してないんです。大きな湖や川で、大きな魚を釣るためには、大きなパワーが必要だ、という文脈で洗練されてきたわけで、テンカラとは種類がちがうというだけの話です。そもそも、テンカラにはリールがないですから。それが日本古来の釣り方なんですね。

Ⓑ　日本古来ということで思い出しましたけれど、「縄をなう」のも独特の手の文化ですよね。第1

章で出てきた足半も、まさに縄からつくられているわけですけども。
㋓　足半をつくるために初めて縄をなったときに、気づいたことがあるんです。縄をなうときって、二条の藁を編んでいくんですけど、片方の藁を時計回りに回しながら、二条の藁自体は反時計回りに回していくんですよ。こうすることで、前者が反時計回りに戻ろうとする力と、後者が時計回りに戻ろうとする力が拮抗するわけですね。そのおかげで縄がほどけない。
Ⓑ　そうなんですね。
㋓　これって物理学的には安定な状態なんですね。けれども、力が拮抗し合っているから、そこに電磁波とか熱とかが発生しているはずだと思うんです。そこではたと気づいたわけです。ああ、だから昔のひとは縄を〝結界〟に使ってたのか、って。
Ⓑ　「注連縄《しめなわ》」ですね。
㋓　はい。たぶん昔のひとは、無意識にそうした電磁波とか摩擦熱を、縄に感じていたのではないでしょうか。だからそれを神聖な空間を守るバリアとして使った。しかも、そういうバリアは一年で取り換えられることが多いですよね。古いものはお焚き上げされる。それも理由があって、おそらく一年間放置すると、藁が縄の形に慣れてしまって、そこに生じていた物理的なエネルギーが失われてしまう。だからなのかなと考えています。
Ⓑ　安定しすぎてもダメなわけですね。
㋓　そうなんです。でも、そんな大事なことも自分で縄をなってみなければ絶対にわからなかった。

縄をなう

結界を示し、守る注連縄。出雲大社

新鮮な発見でしたね。そういうこともあって、縄をなうのって、皆さんが思っている以上に面白いものなんですよ。それこそ、止まらなくなるくらい。だから、ブラウンさんにもオススメします。

Ⓑ ぜひ（笑）。

## 縄文文化と「匠」

Ⓑ 縄といって僕が思い出すのは、やはり縄文文化なんです。以前から縄文文化にとても興味を持っていまして、二〇一八年に出版したフォトエッセイ『失われゆく日本：黒船時代の技法で撮る』（小学館）でも、縄文のことを突っこんで書いてみたんですね。それで改めて思ったのは、日本の「匠《たくみ》」の文化の原点は、やはり縄文にあるのではないか。

㋓ 匠というと、まさに手の文化の代表格ですね。

Ⓑ　まさにそうなんです。これは縄文以前、いまから三万年前の話なのですが、石を削ってつくった刃物が日本で見つかっています。当時、道具として使われていたんですね。その石の削り方が、その当時の世界のどの地域よりも高度な技術レベルだったんです。そこにすでに匠の精神が芽生えていて、それが縄文時代になると、あのダイナミックな火焔土器の表現として爆発するわけです。

㊓　加工のレベルが優れていたというのは、どうしてなんでしょうね。手先の器用なひとたちが日本列島に渡ってきたのかな。

Ⓑ　僕が思うに、はるか昔に人類はアフリカを出て、世界中いろいろなところに散っていったわけですよね。そのなかで、はるか彼方の日本列島までたどり着いた人びとというのは、いわば生き残り（サバイバー）だったのではないかと。運があって、賢くて、体力もあった。それで、やはり生き延びるためには手先の器用さが重要だったんだと思います。

㊓　なるほど。

Ⓑ　あと、三万年前に日本列島にいた人びとは、航海技術にも優れていたことがわかっているのですが、当時どういう船に乗っていたかというと、葦でつくった「葦船《あしぶね》」だったという説があるのです。

㊓　現代でも、実験的につくって乗っているひとがいますよね。

Ⓑ　そうですね。あれも葦を束ねて、それをロープで結んで補強するわけです。そう考えると、縄をなうという行為は、人類が割と早い段階に習得したものなのかなと思います。

㊓　特にアジアでは、広く縄というものが見られますよね。日本では稲藁が昔から多くとれたから、

縄といえば「藁縄」というイメージだけども、他のアジアの国では、それこそ葦などの水草でつくった縄などいろいろバリエーションがありますね。

Ⓑ アジア以外にもありますね。イースター島やボリビアのチチカカ湖にも、葦を使う文化が古代からあったんですよ。

㊟ 葦を使った草履も、東南アジアでは一般的です。その土地土地でとれる植物がちがうだけで、縄をなうという行為はアジアでは普遍的なのかもしれません。

Ⓑ そこでつながってくるのが、縄文文化が縄を使って文様を土器に刻んだということ。これは世界的に見ても、他にあまり類を見ないことだと考えています。どうして縄文時代に日本列島にいた人びとは、そんなことをしたのか。やはり一つの要因は、彼らが縄に「神聖なパワー」を感じとっていたからじゃないかと思うんです。

㊟ ブラウンさんも先の著書のなかで書いてらっしゃいましたが、あの文様は、完全に遊び心ですよね。だって、それは機能にはなんの影響もないわけじゃないですか。

Ⓑ 実用的な機能ではなくて、精神的な機能なんですね。縄をきれいになって、その縄を押しつけたり転がしたりして文様をつくるという回りくどい行為が、彼らにとってはとても楽しくて、特別な意味を持っていたんじゃないかと思います。

㊟ そうかもしれませんね。とにかく手先を使いたかった。そして縄の持つ呪的な効果を土器に込めたかった。縄文土器のあの強烈な個性を見ていると、手先の器用さを競うということが、すでに当時

あったんじゃないでしょうかね。

Ⓑ　あったでしょう。でないと、あの装飾性は説明できないですよ。そうした遊び心の延長線上に芸術が生まれて、それが宗教的な意味も持っていったのではないかと思います。

㋓　もしかしたら、縄文時代から「手先の器用な男はモテる」という価値観があったのかもしれない（笑）。

Ⓑ　そうですね。でも最近だとね、縄文土器をつくっていたのは女性だったという研究もあるんです。だから「手先の器用な女はモテる」ということもあったかもしれない。

以前から思っていることなんですが、日本には「手」にまつわる表現がとても多いんですよ。代表的なのが「上手《じょうず》」と「下手《へた》」。

㋓　たしかに。他にも「手元」とか「手前」とか、「手を出す」とか「手を下す」とか。「下手人」とかもね。

Ⓑ　「手間」も面白い言葉でしょうね。手という身体の末端が時間化しているわけで、非常に興味深い。

㋓　たしかにいろいろありますね。英語などと比べても多いですか？

Ⓑ　はい、まちがいなく。それはなぜかと考えると、やはり「手の文化」が、日本には脈々と続いてきたからなんだと思います。

## 千代の富士の小指

㊆　日本の「手の文化」は、もちろんスポーツや競技にも表れていて、代表的なものが相撲ではないかと思います。元々は手先をはじめとした、いろいろな繊細な技を競うものでした。しかし、それがいまでは単なるパワーのぶつかり合いになってしまった。だから、「いまの相撲はつまらない」と言うひとが増えているように感じます。

Ⓑ　有名な話がありますよね。元横綱の千代の富士が、相手のまわしに小指をかけて転がしていたと。

㊆　そうなんです。それは単に小指が丈夫ということではなくて、ここまでずっと話してきたように、小指さえかかっていれば、背中や体幹（深層）の大きな筋肉を使えるということなんですよね。これが人差し指だと、そうはいかない。

Ⓑ　合気道の世界もそうですよね。「気」というと、なんだか超常現象みたいに聞こえるかもしれないけれど、そうじゃないんです。合気道の技術はとても精巧にできたメカニズムで組み立てられていて、そのなかにある「気」というのは全身の筋肉や骨を連動させて、しなやかにパワーを生み出すための意識づけのことなんだと理解しています。

㊆　ただの怪力乱神ではないということですよね。それと似た話を聞いたことがあるんですが、一流のバレエダンサーは全身のあらゆる筋肉を、意図的に動かすことができるといわれています。たとえ、それがどれほど小さな筋肉であっても。逆に言うと、それができるひとが一流のバレエダンサーと呼

ばれる。

Ⓑ それはすごい。ものすごく繊細な感覚と、高い集中力が必要なんでしょう。

㋓ そういう個別の筋肉の動かし方を練習していくそうなんです。「今日はこの筋肉、じゃあ明日はこの筋肉ね」という風に。僕ら一般人は、なんとなく全体的にぼやーっと筋肉を使ってるわけですが（笑）、彼らバレエダンサーはそのような筋肉の使い方ができないと、美しい表現ができないんですね。それは合気道と似ている気がします。特定の筋肉ではなく、全身のあらゆる筋肉を高度に連動させて、ムチのようにしなやかにパワーを生み出す。そこには「力より技」という発想があって、それは日本に伝統的にある考えです。

Ⓑ いまふと思い出したのですが、僕は二〇代の頃、中国の病院で鍼灸の勉強をしたことがあるんです。そこで体験したのは、鍼灸の熟練した先生というのは、針を「刺す」んじゃなくて「飛ばす」ということ。

㋓ ええ？　飛ばす？

Ⓑ もちろん何十センチも飛ばすわけではなく、鍼を皮膚に入れる直前の約一センチくらいのところでピュッと飛ばすんです。すると、けっこう中国の鍼は太いのですが、まったく痛くないんですよ。これがブスッと刺されると、まあ痛いこと痛いこと（笑）。

㋓ 面白いなあ……。

Ⓑ 僕たち留学生は毎晩、枕を患者に見立てて練習したのですが、コツが全然見つからなかった。こ

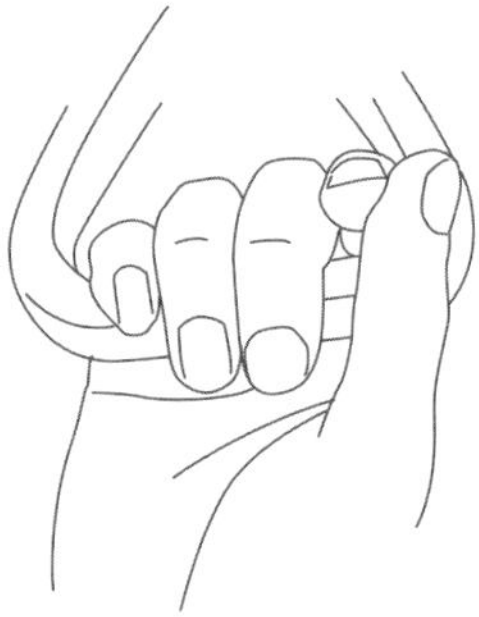

小指から握り、人差し指と親指は逆にリラックスさせる

の技は本当に一握りのひとしかできないのですが、鍼を飛ばすときの彼らの身体の使い方を見ていると、実に美しいんです。動くのはもちろん指先だけなのですが、そこに全身のエネルギーが集約されている。合気道の考えに通じるものを感じます。

㋓ なるほど。

🅑 合気道もそうですが、ただパワーで押していくというのは、日本人はあまり好きではないですよね。それじゃあ美しくない、機能美がないと考えている。

㋓ そうですね。少し細かい話をしますと「小指を意識すると背中の筋肉が使える」というときの「背中」というのは「広背筋《こうはいきん》」という筋肉になります。その筋肉を、それこそ縄文人からヤクザから千代の富士まで、日本人は伝統的によく使ってきたということなんです。

　残念ながらスポーツの世界では、いまだに「背中の筋肉といえば、脊柱《せきちゅう》起立筋《きりつきん》だ」という考えが主流なのですが、脊柱起立筋なんて正直、大したことはしていません。広背筋の方が広い範囲に影響を及ぼす重要な筋肉で、そのスイッチを入れられるからこそ、小指は重要なわけです。

🅑 そういうことでいくと、以前、エンゾさんにうかがった「つり革」の話を思い出します。

㋓ 電車のつり革の持ち方の話ですね。つり革の持ち手に小指を入れて（かけて）握っているひとと、

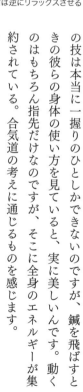

小指を外してダラーンと握っているひととでは、電車がゆれたときの対応力に差があることはもちろん、実はその人の〝意識〟にも差が出ているのではないかと考えています。

Ⓑ　はい。

㊓　ここまでずっとお話ししてきたように、小指というのは足の指と同じで、広背筋やインナーマッスルにアクセスする入り口になってるわけです。そこがオンになっているということはつまり、それこそ合気道やバレエダンサーと同じように、身体全体に意識が広がっているということですね。反対に、人差し指や中指しか意識していないと、意識はせいぜい腕だけで止まってしまう。どちらがより高度に脳を使っているかは言うまでもない。だから、「**小指からつり革を握るサラリーマンは仕事ができる**」という格言をつくってみたわけです（笑）。

Ⓑ　なるほど（笑）。これ以上〝手を広げる〟とキリがなくなりそうなので、ちょうど背中の話も出ていることですし、そろそろ「背」の話に移りましょうか。

# 第3章
# 背
## ――なぜ絵巻物に描かれた日本人はみな猫背なのか？

背、是即ち、表也。
腹、是即ち、裏也。
――エンゾ・早川

### 「背」とはなんぞや

㋓　この章は「背」ということで、まず言葉から入ってみたいのです。日本語の「背」というのは、全体的には「こんもりと盛り上がったもの」というイメージですね。「山の背」なんてこともいいますし、動物の背もだいたいそのイメージがあてはまる。

Ⓑ　「背」という漢字は中国から来たわけですが、もともとは「北」という字で「せなか」という意味だったんですね。古代中国では、王は儀式のとき南を向いて坐る。だから北は「そむく（背向く）」ものということで、「せなか」の意味があったんです。

㋓　なるほど。

Ⓑ　けれど次第に「北」がもっぱら方角を意味するようになっていったので、肉体を表す「月《にくづき》」を加えて、「背」が「せなか」を意味するようになっていったと聞いたことがあります。だから中国か

ら輸入した熟語、たとえば「背任」「背教」「背徳」などですと、「背」はネガティブな使われ方をしていますよね。

でも、これが音読みの「せ」、つまり大和言葉になると、逆にポジティブな意味になってくる。『万葉集』の和歌などでは、恋人のことを「背」と言っているでしょう？

㊓「妹《いも》と背」といって、前者が女性、後者が男性の恋人を主に指していたと言いますね。だから、決して「裏側」的な、ネガティブな意味が中心だったわけじゃない。むしろ日本人は背中にポジティブなイメージを持っていたから、「せ」という大和言葉に「背」の文字を当てたんじゃないでしょうか。

だから本来、日本語の「背」に「身体の裏側」みたいなイメージはないと思うんですよ。いま言った「山の背」にしても、「山の裏側」という意味ではなくて、ちゃんと表は表なわけで。そもそも動物は、背中が「オモテ」なわけですから。

Ⓑ 上下逆さまに泳ぐサカサナマズは例外だけど（笑）、そのとおりだと思います。昔の日本人の考えでは、逆だったんじゃないかな。そもそも前の章でも話に出たように、農作業などでは背中の筋肉がとても重要なわけです。

㊓ でも、たとえば英語だと「背」を「back」というじゃないですか。「back」には「裏側」という意味がありますよね。現代の日本で言う「背」というと、この「back」に近くなってしまっているのかなと思うんですが。

Ⓑ　そうですね。おそらくこの変化も、明治維新以降のものでしょう。西洋式の軍事教練や「学校体育」が開始されたのが大きかったと思います。明治維新以来、英語の「back」感が、日本語の「背」にもじわじわと浸透してきたんじゃないでしょうか。

㊓　僕たちが実際に見たり、イメージしたりする軍人は、基本みんな背すじをピンと伸ばしていますからね。学校体育の「気をつけ、礼、休め、直れ」も、軍人の姿勢を子どもに叩きこむためのものですよね。「富国強兵」のためには、それがとても重要なことだった。

Ⓑ　軍人は、アメリカであれヨーロッパであれ、アジアであれアフリカであれ、式典などのときは背すじを伸ばして胸を張っていますよね。でも軍人だって、戦場で背すじを伸ばしたままのひとなんていないでしょう（笑）。背を丸めてないと、目立つから弾に当たってすぐ死んでしまう。

㊓　そうですね。それにアメリカにしろヨーロッパにしろ、テレビ番組を観ていると一般人はだいたい軽く猫背ですよね。パレードのときの軍人のように、背すじピーンで胸を張って生活しているひとなんてほとんどいない。やはり無理な姿勢をしてるんですよね、僕らが見るときの軍人さんは。

Ⓑ　トランプ大統領でさえ猫背ですからね（笑）。

㊓　たしかに（笑）。だから、軍人の姿勢っていうのは一つの形式であって、デモンストレーション用の形式美。たぶん、その特殊な形式美を、明治期の日本人は真に受けてしまったのではないか、と思うんです。それがそのまま軍事教練としての学校体育に流れこんでしまった。

おそらくご存じないと思いますが、一昔（およそ三〇年ほど）前までは、猫背の子がいると、学校で背中に定規をあてられて矯正されたんですよ。

Ⓑ まさに軍国主義の名残りですね。

㋓ そうなんです。今考えると、余計なお世話だこの野郎って思いますけど（笑）、当時の子どもはだいたいやられてました。

## 背は「陽」、腹は「陰」

Ⓑ 「足」や「手」の話とも関連しますが、つまり僕たちがここまで話してきたことというのは、「身体の姿勢は、そのまま心の姿勢」ということでしょう。

㋓ そのとおりです。

Ⓑ そこで僕がとても興味深く思うのは、明治初期に来日した外国人たちが、みな一様に当時の日本人のことを「**朗らかで好奇心旺盛だ**」と書き残していることなんです。当時の日本人には農民も多かったはずで、決して現代のように豊かな暮らしをしていたわけじゃない。それなのに、だれもが朗らかで好奇心があったというのは、生活そのものから喜びを得ていたからなんだと思うんです。その生活とはなにかというと、やはり大きいものの一つに、身体の姿勢ということがあるんじゃないかと。

㋓ はい。

Ⓑ 第2章でお話ししましたけれど、農作業というのは、筋肉を正しく使えていないと長時間行うこ

現代に生きるサムライ

とができない。そのためには、足指や小指の使い方が重要だと言いましたが、身体の「幹」として重要なのが背中なんですね。東洋医学では、背中の経絡はとても重要なんですよ。背中の感覚が敏感なひとは、感受性も敏感なんです。事実、経絡では背中が「陽」で、腹側が「陰」とされているんです。

㋓ へーっ！ それは知らなかったなあ。じゃあまさに、背中が「オモテ」だと考えられてるわけだ。なんだか、もう答えが出てしまった感じですね（笑）。それがどこかで、というかおそらく明治期に、ひっくり返ってしまった。

🅑 そうなんです。明治初期までの日本人には、**日々の生活のなかで形づくられてきた背中の感覚**がまだ生きていた。実際、絵巻物などを見ても、そこに描かれた当時の日本人はみんな猫背なわけですから。だからこそ心が豊かだったと、僕なんかは想像しています。

㋓ それでいまふと気づいたんですが、和服のデザインで、装飾がされてるのは背中側が多いですよね。侍にしても町火消しとかにしても。

🅑 はい。

㋓ 前は「合わせ」になっているからデザインしづらいという面もあるんでしょうが、たとえばヤクザが彫りものをするときも、やっぱり背中に彫るじゃないですか。倶利迦羅紋紋《くりからもんもん》的な。

🅑 ということはつまり、昔の日本人は「背中は隠すものではなくて、見せるもの」と考えていたということですよね。他人に見せもしない場所に派手なデザインを入れても意味がないわけですから。

㋓ だからそういう意味で、いまブラウンさんが言われたような、背中の感覚が敏感だったというか、背中への意識が高かったというのは本当なのではないかと思います。

Ⓑ 風邪をひくときも、最初にゾクッとくるのは背中ですからね。「悪寒が走る」なんて表現がありますけれど、それだけ背中の感覚は敏感だということですよね。悪寒がお腹のほうに走ったら、たぶん風邪程度じゃ済まされない。

㊈ 首と肩のつけ根のあたりに、「風門《ふうもん》」というツボがあって、そこが風邪の入り口だといいますよね。だからちょっとゾクッときたときには、そこにカイロを貼ると効くんですよ。

Ⓑ そうですね。そういえば、彫りものの話で一つ思い出したのですが、たとえばアメリカ人のラッパーなどは、身体の腹側に多くタトゥーを入れているんです。大胸筋などは特に。やはり腹側が「オモテ」なんですね。

㊈ へえ！ ではやはり、「back」には〝裏側感〟があるんですね。

## なぜ子は「親の背中を見て育つ」のか

Ⓑ 言葉ということでいえば、第2章の「手」もそうでしたが、日本語は「背」にまつわる表現も特徴的ですよね。代表的なのが「子は親の背中を見て育つ」。

㊈ 英語だとどうなんですか？

Ⓑ 「英語にすると「The apple doesn't fall far from the tree」という面白い表現になりますが、背中

は関係ない（笑）。ただ大事なのは、日本と西欧ということで分けてしまうのではないと思います。僕もエンゾさんも、日本の身体感覚というのは「普遍的なもの」だと考えているわけじゃないですか。

㋓ そういう普遍的な部分が、まだ日本語にはたくさん残っているということですよね。

Ⓑ そのとおりです。だから間違いなく、世界中の子どもたちはみんな、自分の親の背中を見て育っているはずですよ。それを身体感覚にもとづいて的確に言葉にしたのが、昔の日本人だったということ。

㋓ 日本人は古来、生き様とかポリシーとか、そういうものが背中に表れると考えていたんでしょうね。だから「お父さんの背中は広い」みたいなことが言われていたわけで。それは大人の背中であり、働き者の背中であり、家族を背負って生きる力のある背中だったわけです。でも最近じゃ、お父さんも、みんな背すじをのばして胸を張っているから、かえって背中が小さくなっちゃってるんですよ……。

Ⓑ 子どもが父親の背中を見る機会も少なくなってるでしょうしね。じゃあ今の子どもに「オヤジの背中」みたいなこと言っても、通じないわけだ。

㋓ たぶんね。一つ言えるのは、お父さんが背広を脱いで、Tシャツを着たとき、背中にグダグダしわが寄ってると、広い背中にならないんですよ。それは背すじをのばして胸を張っているということだから。背広のときはいいんですよ、なにしろ〝背広〟っていうくらいですから。会社で働いているときは、「背中の広い男」なんでしょう。でも、子どもたちが見るのは、普段着のお父さんが多い。

そのとき背広を脱いでも〝背広〟でいられるかどうかということです。

Ⓑ　あとはね、「本音と建前」ということがあるでしょう。建前は腹側に出て、本音は背中側に表れる。するとね、まだ感受性の豊かな小さな子は、背中を見ることで親の本音を直感的に感じとっている。そこで人生の勉強をするという意味もあると思うんです。

㊤　なるほど。

Ⓑ　そういうことでいうと、「臍下丹田《せいかたんでん》」の話も関係してくると思うんです。丹田はまさに本音が表れるところなんだけど、いまの常識だと、丹田は腹側にあるということになっているでしょう。でも実は、背中側にこそあるんですよ。

鎌倉時代の禅僧の道元は、「丹田は背側にある」と明言しているんです。事実、さっきの経絡の話でも、背中が「陽」で、腹は「陰」なわけですから。丹田は、その陰と陽がちょうど接するところにあるんです。

㊤　僕としては、それを解剖学的に考えています。以前出した本でも何度か書いているんですが、丹田というのは「**大腰筋**」という筋肉のことだと思っています。この筋肉は背骨と、内臓が収まっている腹腔のあいだにある大きなインナーマッスルなんです。スポーツでもとても重要な筋肉なんですが、そのすぐ前に腎臓があるので、ここがきちんと働くことで腎臓をマッサージする機能もあるんです。だから、お腹の後ろからさまざまな機能を果たしてくれているのが、大腰筋なんですね。

Ⓑ　背中の方にあるんですね。

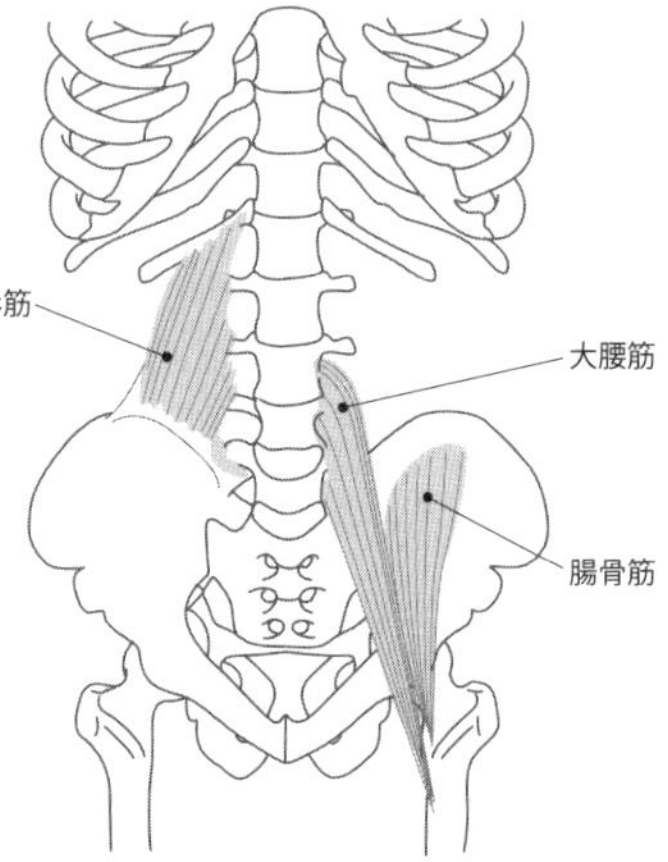

大腰筋と腰方形筋

㋓　はい。それで、これは麻酔科医の友人から聞いたんですが、大腰筋って、生きているあいだは血流が盛んで、太く張っているんですが、亡くなった途端に、縮んでペンくらいの太さになっちゃうんですよ。だから遺体を解剖してみても、ペッチャンコになっていて、なにがなんだかよくわからない。でもそれはつまり、大腰筋というのは生命力の源だから、宿主の生命の退場と同時に、その役目を終えるということなんだろうと。

Ⓑ　なるほど、それは腑に落ちますね。

㋓　実際、麻酔科医は手術の際、経験的に、まず患者さんの大腰筋を見るらしいんですよ。もちろんＭＲＩの画像でですが。大腰筋が太ければ、この患者さんはある程度厳しい手術にも堪えられるだろう。でも逆に大腰筋が細い患者さんだと、あまり負担をかけないように色々工夫しなければならないというんですね。

Ⓑ　いや、面白い。もちろん昔のひとは、そういう解剖学的な知識こそなかったけれども、経験的に、身体で理解していた。

㋓　そう、身体で理解していたんですね。

## おっぱいはいやらしい?

㋓　身体の「ウラ、オモテ」の話で、もう一つ気になるのが、女性の胸、おっぱいのことなんです。

Ⓑ　おっぱいね。いまでは女性の身体の「表側」の代名詞になっていますね。

㋓　そうですね。たとえば、僕の祖母などはまだよく和服を着ていた世代だったんですが、帯の位置がいまの着物みたいに高くなる前で、骨盤が横に突き出た部分、いわゆる「腸骨稜《ちょうこつりょう》」の位置で帯を結んでいたんです。そうすると、前の合わせがそこまできっちりしてないから、おっぱいがちらちら見える格好になる。でも、祖母はそんなこと、まったく気にしていなかったし、僕もそういうものだと思っていたんです。

Ⓑ　一昔前までは、夏場に暑いからって、そこらへんで普通に裸で行水しているひとがいましたもんね。

㋓　そうそう。だからたぶん、一九六〇年代くらいまでは、おっぱいが「いやらしいもの」という意識はそれほどなかったんじゃないか。だから、電車のなかで授乳してても、だれもなにも言わなかった。それがだんだんと「背」が「裏側」、「胸」が「表側」へと分かれていったことで、必要以上に「オモテ」を意識するようになったのではないでしょうか。

Ⓑ　いまの話で思い出しました。実は一九六四年の東京オリンピックの前に、房総半島の漁師や海女たちが、とても厳しく役所から注意されていました。それまでは漁師たちはふんどし一丁、海女たち

はおっぱいを出して漁をしていたんですが、「ちゃんと身体を隠しなさい隠しなさい」と。欧米からはそれらが「野蛮な習俗」に見られると考えたわけです。

いまでも裸で海にもぐる海女さんがたまにいらっしゃいますが、だいたいみんなウエットスーツを着ていますね。でもよく考えてみると、つい五〇年前までは、みんな裸だった。エンゾさんがおっしゃった「六〇年代あたりが分岐点」というお話、真実だと思います。

㊓ 明治維新以後、そして戦後さらに、「おっぱいの商品化」が進んだんだと思うんです。さきほども言ったように、江戸時代までは腹側はどちらかといえば「ウラ」だったから、おっぱいはあまりアピールするものではなかった。それが「ウラ」と「オモテ」がひっくり返ったことで、おっぱいアピールがはじまった。

🅑 三島由紀夫が日本の女性のおっぱいについて、大変いい小説を書いているんです。彼は、日本人のおっぱいは小さくて可愛らしいもので、それこそが造形美だと言っています。

㊓ なるほどね。それが戦後、大きい胸が「ボイン」と呼ばれるようになって、さらに「巨乳」ともてはやされるようになった。だから一九八〇年代に入ってからじゃないですかね、ちょうどアダルトビデオが日本で流行りはじめたのがその頃だから。そこで決定的に、おっぱいが商品としての価値を持った。

🅑 そうですね。その遠因が、やはり六〇年代の規制なんだと思います。隠しなさいと言われたことによって、逆に価値が発生した。

## 日本人の胸はくぼんでいた

Ⓑ　明治初期に日本を旅したイザベラ・バードという女性の紀行作家が、とても興味深い記事を書き残しているんです。日本人の体型について、「胸がくぼんでいるのが特徴的だ」と言っているんですね。

㊓　それ、ちょうど同じことを僕も昔から思ってたんですよ。昔の日本人はもちろんみんな痩せているんだけども、お腹が出ているひとが多いんです。逆に胸はぺったんこで、大胸筋などはあまり発達してない。それで猫背でいると、ちょうど「みぞおち」の部分がへこむんですよね。たぶん、彼女はそこに注目したんじゃないかな。浮世絵とかを見ても、そういう体型の日本人ばかりなんです。

Ⓑ　「整体」という言葉を広めた野口晴哉氏が創始した「野口整体」では、「みぞおち」というのはとても重要な部位なんです。僕に整体を教えてくれた女性の師匠がいるのですが、彼女はクラシック音楽が大好きで、よく演奏会に足を運んでいます。それで、演奏を聴いているときに、必ずみぞおちにある「鳩尾《きゅうび》」というツボを触るというんです。

㊓　なるほど。

Ⓑ　触れている自分のみぞおちが柔らかければ、その演奏は無心でゾーンに入っている。でも固くなっていたら、その演奏は頭で演奏している。絵画や他の芸術作品でも同じだというんです。「ホンモノ」の芸術を見分けるのは自分のからだなんですね。

Ⓔ　脳が介在しない、反射的な判断だということですね。まさに「目利きの技」。みぞおちで鑑賞する方法があるとは。

解剖学的に見ると、みぞおちは胸骨の下の辺りにあって、その奥には一二番胸椎がある。そして、一二番胸椎に付いている一二番肋骨には腰方形筋《ようほうけいきん》という筋肉が付着しているんですね。その腰方形筋というのは腎臓のすぐ近くに位置していて、さきほど紹介した大腰筋とともに、腎臓をマッサージしてくれているんです。

Ⓑ　それは面白い。

Ⓔ　しかも、大腰筋のはじまりも一二番胸椎なんですが、こうしてみると、重要な筋肉のセットがみぞおちの付近からはじまっているというのは、決して偶然ではないと思うんです。

Ⓑ　横隔膜もみぞおちからはじまっていますしね。きわめて重要。

Ⓔ　そうなんです。これは以前出した本で書いたんですが、妊婦さんって、お腹がふくらんでくるから、腹筋を使えないんです。その状態でどうやって姿勢を保つかというと、腰方形筋を使っているんじゃないかと推測しています。背骨についている筋肉は背骨にしか作用しないけれども、腰方形筋は一二番肋骨と骨盤をつないでいる。しかも子宮よりも背中側にあるから、圧迫されることもない。この筋肉は自転車でも重要なインナーマッスルなのですが、妊婦さんの場合には、それよりもはるかに重要なんじゃないかと思うんです。

Ⓑ　みぞおちと臍下丹田の関係ですね。

㋓　そうですね。だから僕は、機能的に見ると、大腰筋に加えて腰方形筋も丹田の一部なんじゃないかと思っています。

## なぜ「肝心」ではなく「肝腎」なのか

㋓　腎臓の話が出ましたが、たとえば猫などは、腎臓があまり強くないから早く死んでしまう。生きものは多くの場合、腎臓から崩れていきます。そのような大事な臓器を守り、マッサージしている筋肉が重要でないはずがない。

Ⓑ　昔のひとは、腎臓と、あと肝臓が重要な臓器だと考えていました。だからこそ「肝腎」と書かれています。

㋓　そうですね。現代の作家さんには「肝心」と書くひともいますね。そういうのを見ると、「言葉の成り立ちを知ると変わるのにな」と思うことが多いです。

Ⓑ　もちろん心臓が止まって人間は死ぬわけですが、その前の段階で、最初に崩れていくのが肝臓と腎臓。

東洋医学で面白いのは、少し知能の発達が遅れる子がいるでしょう。そういう子の治療は、まず腎臓を整えることからはじめるんです。

㋓　へーっ！　それは興味深いですね。

Ⓑ　やはり、腎臓と背骨の関係、そしてその先の脳との関係。そういう身体感覚を重視しているからだと思います。具体的には、腎臓の部分に手を当ててもらいながら声を出す、という治療方法もありました。そうすると、心身のバランスが整ってくる。だから、声をちゃんと出せているひとは、一般的に長生きするんです。

㋓　声をちゃんと出すためには、やっぱり横隔膜をしっかり動かさなきゃいけない。そうすると、そのすぐ裏にある腎臓が活性化するのは自然の流れですね。

Ⓑ　西洋のオペラや、日本の民謡、長唄《ながうた》でもそうですが、世界中に長く声を出す技術や習俗がありますね。それらはすべて、体幹の筋肉や内臓がきちんと整っていないとできません。ですから、間違いなく生命力に密接に関係していると思います。

あと、僕は山伏修行で法螺貝《ほらがい》を吹くのですが、法螺貝を上手く吹くにはやはり腎臓の活力がいるんです。

㋓　腰の背中側、つまり大腰筋や腰方形筋を使っているということですね。

また腰方形筋の話に戻るんですけど、動物は身体が地面に対して水平になっているから、肋骨と骨盤をつないでいるこの筋肉を有効に使えるんですよ。でも人間の場合、地面に対して身体が垂直に立ち上がってしまっているから、腰方形筋の使い方がよくわからなくなってしまった。

Ⓑ　身体を上に引っ張っても意味はないわけですからね。

㋓　そう。でも歌ったりする場合には、自転車もそうですが、横隔膜から腰方形筋、大腰筋、そして腎臓というサイクルが流れるのかもしれない。そのサイクルが生命力を生む。

Ⓑ そう思います。ですから古来、洋の東西を問わず、人間は長く声を出すということをやりたがる。それが身体にいいんだという経験則があったのでしょう。お経を唱えるのもそうですね。

古代インドでは、なんの芸能であっても、まずは声を出す練習から入るんですよ。長く、しっかり声を出すことで、身体感覚を整えていく。日本の能でも、まず「謡《うたい》」から練習します。舞いも踊りもそのあとなんです。

㊓ 声を出すということは、結局、呼吸につながってくる。呼吸を整えるというのは、なにをするにしても重要だということですよね。

Ⓑ でも逆に現代の日本人は、大きな声を出すことに慣れていない。一昔前みたいに、「火事だー!」とか「ドロボー!」とか、叫んで知らせることができなくなっていると思います。なにしろ、今は「Tweet（つぶやき）」の時代ですから（笑）。

㊓ つぶやきって、そもそも声を出す気が端からないんじゃないかっていう（笑）。でもこれ、本当は笑い話じゃなくて、なにか事件とか事故に巻きこまれたときに、大きな声で助けを呼ぶこともできなくなっているわけですよね、現代人は。それは由々しき事態です。

Ⓑ 声を出せないということは、生命力が衰えている証拠ですからね。特に昨今は、自然災害が多い。そうした場面で、声を出せる／出せない、ひいては生命力のある／なしが、生死を分ける大きなファクターになってくる可能性があると思います。

㋓　本当にそうですよね。教育や遊びの場から、大声を出す機会がなくなってきているのでしょうね。連絡も、いまはネットで取り合う時代ですし……。

そういえば、以前知り合いから聞いた話ですが、いまどきの高校生は、初めてする接客業のアルバイトで、「いらっしゃいませ」が言えないそうです。

🅑　どういうことですか？

㋓　大きな声を出せないから、まず「いらっしゃいませ」って声を張って言う練習から入るんです。業務につく前に。

🅑　それ、練習することなのかな（笑）。

㋓　あくまで一例ですが、それが現代日本なんです。声は出さなくなると、出せなくなっていくんですよね。

僕はよく釣りに行きますが、湖とか山とかの自然に入ると、ちょっとひとと離れただけでも、お互いの声が聞こえなくなるんです。すがたは見えているのに、風や水の音が邪魔をして。だから「おーい！」って大声を出して呼ばなきゃならない。僕の場合は釣りという遊びの最中だからいいですが、昔のひとにとっては、そうした音信不通状態が命取りになることが多々あったと思うんですよね。

## メッシの猫背、市川鰕蔵《えびぞう》の首、フランス人の鼻

㊤　背中の感覚の話に少し話を戻しますが、背すじをピーンとのばしているのと、猫背でいるのとでは、後者のほうが全身の感覚が敏感になると思うんです。

Ⓑ　実際、古武術でも、背中がほどよく丸まっていて「含み」があったほうが、多様な動きができると言われていますね。

㊤　まさにボクサーの姿勢がそうなっています。結局、背すじをのばしているということは、肩甲骨が前に引き出されていなくて、上半身が骨盤の上に一直線に乗ってしまっている状態。そのような姿勢だと、第2章で言ったような広背筋や、肩甲骨まわりの菱形筋《りょうけいきん》といった重要な筋肉がゆるんでしまって使えません。

Ⓑ　ボクサーにかぎらず、優れたアスリートには猫背のひとが多いですよね。バスケットボールのマイケル・ジョーダンもそうだし、野球のランディ・ジョンソンやペドロ・マルティネス、テニスのフェデラー、あとはサッカーのメッシ。

㊤　メッシですね。先頃のW杯では不調でしたが、メッシを見ていると、僕はいつも、江戸時代の浮世絵師・東洲斎写楽が描いた、市川鰕蔵の似顔絵を思い出すんですよ（肩甲骨が開いて、猫背で、頭が前方にオフセットしてついているように見える。下駄や一本下駄で歩く時の姿勢と酷似）。

Ⓑ　その心は？

東洲斎写楽による市川鰕蔵

2018年サッカーW杯ロシア大会(対アイスランド戦)で、ドリブルで攻め込むリオネル・メッシ(©日刊スポーツ/アフロ)

㊟ 現代の日本人を見ていると、スポーツ選手であっても、首が垂直にのびてその真上にドカッと頭が乗ってるパターンが多いんです。でもメッシは、首が斜め前にのびて、その先に頭がついてるんですね。しかも肩甲骨が前方に引き出されていて、猫背。そうすることで、広背筋や、本来首を支えるはずの「板状筋《ばんじょうきん》」という背骨についているインナーマッスルを有効に使えるんです。

Ⓑ まさにそれは日本の伝統芸能、歌舞伎の役者の姿勢そのものですよね。顔を前に出してアピールしないと、舞台の上で映えないわけですからね。

㊟ そうなんです。ですから「役者絵」を見ると、みんなそうした首のつき方しています。写楽の市川鰕蔵が最たるもの。

ブラウンさんが先ほど言われた、絵巻物に描かれた昔の日本人もそうです。つまり、これも歩き方や小指と同じ話で、かつては日本人も外国人も同じ姿勢をしていたはずなんです。それがいつの間にか、というかおそらくは明治以降、日本人ばかりがおかしな姿勢になっていった。

## 肩こりの本当の原因

Ⓑ　首の処理の仕方というのは、肩こりにも影響しているんでしょうね。

㋓　まさにその通り。日本人には肩こりに悩むひとが多いですけれど、それは胴体の真上に頭を乗せてしまっているからなんです。本来、首という部位は前にオフセットしているべきなんですよ。

Ⓑ　一見、メッシみたいに。というか、動物はみんなそうですものね。

㋓　そうです。でも大きな違いはそこで猫背になっているかどうか。

最近だと「スマホ首」や「ストレートネック」が問題になっていますが、あれは首が前にオフセットしているのではなく、ただ前に「落ちている」状態なんです。その証拠に、あの姿勢のまま前を見ようとすると、首の付け根が猛烈にこってくる。これは当然の話で、僧帽筋《そうぼうきん》という「それ用じゃない」筋肉を使って頭を支えてしまっているからなんです。

Ⓑ　ふだん背すじをのばして生活していると、動かしやすい僧帽筋ばかりを使ってしまうから、頭を支えるときにも僧帽筋に頼ってしまうと。

㊥ そうなんです。頭を胴体の上にドカっと乗せていると、ふだんは板状筋を使わなくてもいいんです。だるま落としのように背骨の上に頭蓋骨を乗せているだけだから。でも、横を向いたり、下を向いたり、下向きの姿勢で頭を支えたりするときに、ふだんから板状筋を使っていないから、腕を動かすためにいつも使っている僧帽筋を先に反応させるクセがついてしまうんです。それで首や肩が凝る。本来なら、首を前に出すと同時に、軽く猫背になり肩甲骨を開いて、僧帽筋の緊張を解いてあげる。日本だと「巻き肩」などといって批判されることもありますが、これこそが「肩こりにならないフォーム」だと思います。

だからメッシの首のつき方は特殊なのではなくて、南米、あるいはヨーロッパでも当たり前なんですよ。ヨーロッパのサッカーなどを見れば、すぐにわかってもらえると思います。でも——これはたぶんそう言ってしまっていいと思うのですが——世界中でほとんど唯一、現代の日本人だけが、首の処理の仕方がわからなくなってしまっているんです。だから肩こりに悩まされている。

Ⓑ さきほど少し紹介されましたが、肩こりの原因は僧帽筋という筋肉ですよね。

㊥ そうですね。さっきも言いましたけど、僧帽筋というのは本来、首を支えるための筋肉じゃないんですよ。肩甲骨を動かすための筋肉なんです。実際、動物はみんなそういう使い方をしています。それで、首を支えるのはくり返しになりますが板状筋なんです。

Ⓑ 人間も本来はそうだった。

㊥ はい。でも、二足で立ち上がってしまったがゆえに、首の処理が動物よりも不自然になってし

まったのです。それでも、過去の絵巻物や役者絵に描かれた頃の日本人や、外国の多くのひとたちはいまだにきちんと板状筋で首を処理しています。

一方で現代日本人は僧帽筋で処理してしまっており、しかも背すじをのばしているから、肩甲骨を後ろに引っ張るためにも僧帽筋が使われてしまっている。それほど僧帽筋を酷使していれば、それは肩こりにもなりますよね。

Ⓑ　なるほど……。

㋓　だからよくテレビ番組で、「肩こりを解消するには、僧帽筋を鍛えましょう」と喧伝されていますが、それは本末転倒で、まずは「僧帽筋を使わず、板状筋で頭を支える」練習をするべきだと考えています。

Ⓑ　聞いた話では、作家の夏目漱石が日本で初めて「肩こりになった」と書き残しているらしいですね。

㋓　ああ、では夏目漱石から首の処理の仕方がおかしくなったんですかね（笑）。

Ⓑ　それはどうかわからない（笑）。でも、現代の日本人の首のことで一つ思うのは、日本には〝遠慮〟の文化があるでしょう。

㋓　はい。

Ⓑ　遠慮をして、自分の言いたいことを飲みこむと、のどとか首の〝気〟が詰まるんですよ。気が詰まると当然、筋肉が緊張する。そうするとだんだん、首を前に引き出すことが物理的に不可能になっ

てくる。それが肩こりの要因の一つになっているんじゃないかと思っています。

それに現代だと、パソコンやスマートフォンの画面を一日何時間も眺め続けるのが普通の生活になっているでしょう。あれも首や肩が緊張する原因ですよね。

㊤ 首が詰まって、頭が後ろに引っ張られている状態。もう一つ考えられるのは、日本だと子どもの頃から「アゴを引きなさい」とひっきりなしに言われ続けるんです。

🅑 アゴを引く。

㊤ 僕も子どもの頃よく言われていましたが、どうやってアゴを引くのかが全然わからなくて（笑）。いま思えば、アゴを引くということは頭が後ろに戻るということだから、そういうのが小さい頃から積み重なって、現代日本人の姿勢ができていくのかなあ、と思ってもいるのです。

🅑 ただ古武術や整体をやるときには、必ず「アゴを引け」と言われるんです。そうすると首の後ろの筋肉がのびて、気の流れがよくなる。ヨーガのプラーナヤーマという呼吸法をするときにも、ちょっとアゴを引いたほうがやりやすいんです。ただ、それはあくまで特殊な姿勢で、日常普通の姿勢ではありません。全部がこれでOKというものはなくて、ケースバイケースでそうした姿勢の使い分けをする必要性を、昔のひとはよく知っていたんじゃないかなと。

㊤ なるほど。昔から連綿と積み上げられてきた知恵に、合理的じゃないものはないということですよね。

## 肩こりにならないフォームをつくる

㊓　僕は自転車屋なので、自転車のフォームをお客さんに教えることが多いんです。それで、乗りはじめの入門者の悩みで一番多いのが、「長時間乗っていると、首と肩が死ぬほど痛くなる」というものなんです。

Ⓑ　実はね、僕も子どもの頃よくロードバイクに乗っていたんですが、そうだったんですよ（笑）。二、三時間乗るくらいなら平気なんですけど、距離が伸びてくると、どうしても首と肩が痛くなってたんです。

㊓　それは意外だなあ。要はそれはその姿勢の時に、僧帽筋で首を支えてしまっているということなんですよね。だから肩こりと同じ要領で痛くなる。そういうときには、必ず一度、板状筋の使い方をお客さんにレクチャーしています。ちょっと、やってみましょうか。

Ⓑ　ぜひお願いします。

㊓　では、まずは、椅子に坐った状態で猫背になって、肘を膝のあたりについてください。そのまま今度は頭を下げて、いったん首を落としちゃってください。僧帽筋を完全に脱力する感じです。それから、後頭部と首のつけ根あたり、いわゆる〝ぼんのくぼ〟周辺に力を入れて、そこから頭を上げるんです。そうすると、今までよりも身体から遠い位置で首が曲がっていて、なおかつのどの周囲の筋肉、「胸鎖乳突筋《きょうさにゅうとつきん》」がストレッチされている感じになるんです。

Ⓑ　おお〜っ！　たしかに、僧帽筋がとても楽になりますね。

㋓　そうでしょう？　これ、とても簡単な方法なんですけど、肩こりには最強に効くんですよ。時間もお金もかからないけど、こうやって板状筋を使って首を処理することをくり返して、感覚として覚えたひとは、肩こりに悩まされることがほとんどなくなるんです。

Ⓑ　特に現代人はデスクワークが多いですからね。肩こりに悩んでいるひとはとても多いと思う。その悩みが手軽に解消してしまう。

㋓　だから、猫背がいいって言っても、ただ背中を丸めて、頭を前に出すだけではダメなんですね。なぜ猫背にするのかといえば、それは肩甲骨を前方に開くためであって、なぜ肩甲骨を開くのかといえば、それは僧帽筋を解放して、広背筋や板状筋を使いやすくするためなわけです。そこで初めて、

肘を膝のあたりにつける

頭を垂れる

盆のくぼあたりに力を入れて、頭を持ち上げる

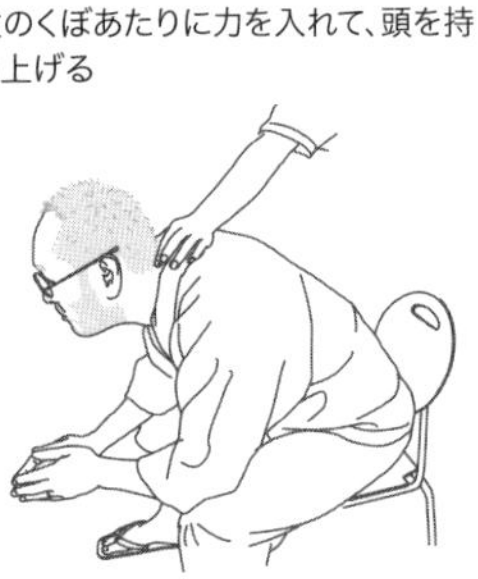

手伝ってくれる人がいたら、軽く盆のくぼに触れてもらうとわかりやすい

僧帽筋に頼らずに首を処理する準備ができるわけです。

Ⓑ　なるほど……。

㊓　僕はそういう猫背のことを、背骨と肩甲骨が縦横のアーチを描いていることから「3D猫背」と命名したのですが、大事な点は「3D」じゃないとダメだということなんですね。そして、絵巻物に描かれているような昔の日本人は、みんな「3D猫背」だったんです。

Ⓑ　エンゾさんが、さきほど、ぼんのくぼとおっしゃいましたが、その裏には脳幹があって、そのすぐ裏は小脳になっている。その上を板状筋がおおっていると考えれば、重要でないはずがないですよね。

㊓　そうなんですよ。ただ板状筋というのは僧帽筋に完全に覆われてしまっているので、目立たないんです。だから、まだまだマイナーな筋肉なのですが、これを機に、読者の方にはぜひともこの筋肉のことを〝縁の下の力持ち〟として好きになっていただき、実際に使いこなしていただければと思います。

## パンツとふんどしのちがい

Ⓑ　首から、背中の下のほう、腰に話を移すと、ここ数年、「ふんどし」が密《ひそ》かな流行になっていますよね。

㊓　はい。特に女性がよくはいているって聞きます。

Ⓑ　そうなんです。百貨店の下着売り場でも「ふんどしコーナー」があったりしますし。で、ふんどしのなにが普通の下着とちがうのかといえば、まずはゴムバンドの締めつけがないことですよね。ふんどしは、基本的に帯と同じで、結んでいるだけで締めつけられているわけじゃないから、血流が滞る心配がない。

㊓　あとは、パンツよりも腰を固定する位置が低いんですよ。さっきほど少し話にでた「腸骨稜」のあたりで結びます。まさに帯と同じですよね。

Ⓑ　ふんどしの原型というのは、ただのひもを腰に巻いたものなんですが、そうしたものは世界中で使われていました。それは陰部を隠すためというよりも、体の「気」を高めるためなんですね。

㊓　シェフやソムリエのエプロンも同じものなのだろうと考えています。エプロンの腰ひもはけっこう幅広で、しかもきつく結ぶ。そうすることで、腰のサポートになって、長時間立ち仕事をしていても、ギックリ腰にならない効果があると言われています。もちろん、日本の料理人も同じことをしていますよね。

Ⓑ　僕の大切な師匠の一人に、古武術の研究で著名な甲野善紀さんという方がいらっしゃいますが、彼は眠るときは基本的に裸なんです。だけど、腰にひもを一本結んで寝る。それが一番健康的らしいんです。

㊓　「一糸」だけまとっちゃってる感じですね（笑）。

Ⓑ そうそう（笑）。そのひもを甲野先生からもらったんですよ。もちろん毎晩着けているわけではないのですが、頭が疲れているときに着けて裸で寝ています。すると本当によく眠れるんです。丹田に意識がいって、心身のバランスが整う。

㊓ それは面白いなあ。寝方ということでついでにいうと、日本だと「仰向けに寝るのが正しい」というのがずっと支配的な考えだったと思うんです。寝具もそれにそって設計されていたり。

Ⓑ でも最近は少し変わってきていて、「横向きで少し背を丸めて寝たほうが、腰が楽だ」という考えも市民権を得てきていますよね。

㊓ そうですね。

Ⓑ あとね、横向きのほうが鼻の呼吸が楽なんです。だからイビキをかきにくい。仰向けだと、どうしても頭が後ろに落ちて、口が開きやすくなりますね。

㊓ 寝ているときは、口を開けないほうが絶対にいいんですよ。口腔からのどにかけて乾燥してしまうというのが、免疫力が下がる大きな原因の一つですから。

Ⓑ 歯にもよくなくて、虫歯になる確率も増えますからね。

㊓ そうした状態で毎日、満員電車で通勤していたら、すぐに風邪をひいてしまう。

Ⓑ 確実でしょうね……。

それから寝方といえば、赤ちゃんの寝方がまたすごいですね。コロコロ転がっているでしょう。

㊓ 一説によるとあれは、昼間行った身体の動きを復習しているそうですね。犬も赤ん坊の頃は、人

間の子どもと同じ寝方なんです。動物の赤ちゃんは、寝ながら、走ったり跳んだりして自然に成長していく。

Ⓑ 寝相が悪いからと、赤ちゃんの布団の四隅を縛りつけて寝かせたりするのは、成長にとっては逆効果ですね。

㊟ 確実にストレスになります。

Ⓑ 実は大人も同じですよね。僕も一番調子がいいときは、赤ちゃんみたいな寝方になります（笑）。ゴロゴロ転がりまわって。そうやって身体をリセットしている。

㊟ 実は僕もそうです（笑）。だから「寝相がいい子のほうがいい」というのは、そのほうが世話が楽だという親の勝手な都合ですね。赤ちゃんの成長を第一に考えると、寝相が悪いほうが自然なんです。

## 正坐＝刑罰の姿勢？

Ⓑ これも猫背と関係してくるんだけど、坐り方の問題についても考えてみたいと思います。現代では「正坐」というのは文字どおり「正しい坐り方」とされているけれど、江戸時代までは、罪人を罰するための姿勢だったんですよね。

㊟ はい。時代劇などを観ると、よく正坐させた罪人のももの上に石を乗せたりしていたぶっていま

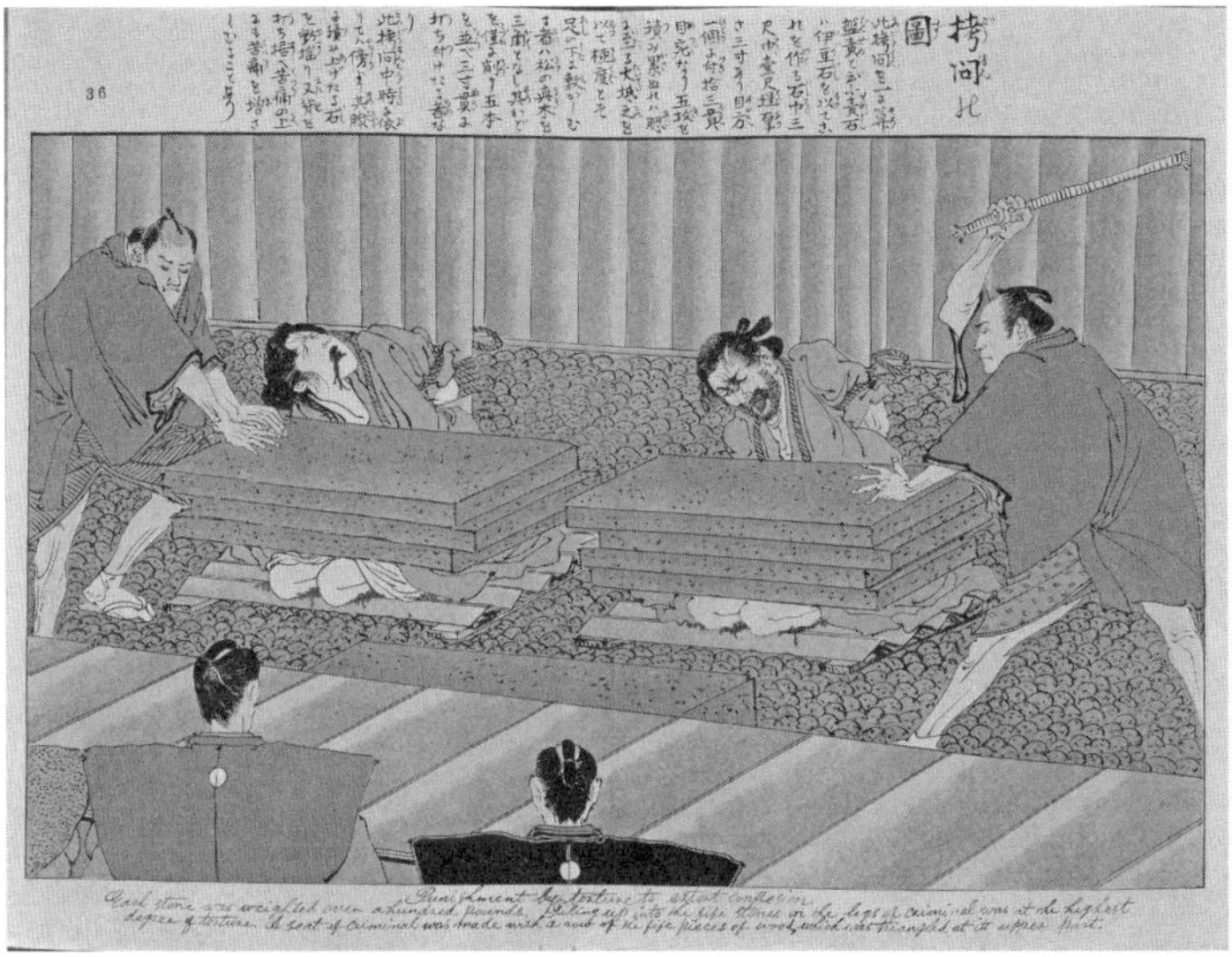

徳川刑事図譜「拷問の図 石抱責」明治大学博物館所蔵

すね。

🅑「石抱き」ですね。

㋓ええ。正坐はそこから来ている。よく外国のひとから「日本人は正坐が好きだよね」と言われることも多いですが、実態はとんでもない話なんです。僕の見解では、正坐というのはしょせん、苦痛な姿勢でしかあり得ないと思っています。

🅑「お白州《しらす》」に引き出されるときも正坐だし、斬首されるときも必ず正坐ですものね。

㋓そうなんです。正坐がなぜ「正しい坐り方」とされるようになってしまったのかというと、一説には、徳川三代将軍の家光がはじめたという話があります。彼が参勤交代をはじめたときに、「大名が将軍の前に出るときには、必ず正坐をしなさい」と命じた。それから「偉いひとの前に出るときの正しい坐り方＝正坐」ということになり、それが世間にも広まっていったという。

🅑 つまり、快適な姿勢では決してないということですよね。やはり少なからず、罰的なもののニュアンスがそこにある。

㊈ はい。

🅑 お茶会も、いまでは皆が正坐していますが、江戸時代まではあぐらが普通だったそうです。千利休の時代、戦国時代の時代劇のお茶のシーンを見ると、あぐらをかいてますね。その後、明治に入って、とある女子大学の先生が、「茶会のときに正坐をする」という文化を広めたんです。

㊈ なるほど。正坐は徳川家光にはじまり、女子大にダメを押されたわけですね（笑）。

🅑 昔は女性でも普通にあぐらをかいてましたよね。現代だと、男はあぐらでいいけど、女は正坐じゃなきゃいけない、というのが風潮ですが、これは女性蔑視の発想だと思います。

でもね、僕は最近、ちょっと正座が好きになっているんです。それがね、スローセックスに関心があり、まぐわいする時に正座すると二人の気がすごく高まる。最高ですよ。

㊈ 正坐で坐位ということですか？　インドの『カーマ・スートラ』とかにはありそうですけど……。

🅑 そうそう、平安時代にそのような教本もあった。でも正坐といっても、伝統的な正坐は膝を割って坐るでしょう。そうすると、骨盤が倒れて、臍下丹田が死んでしまうと思います。だからこそそれが刑罰の姿勢なわけで。しかし、現代人がやっているように、膝を割らずにくっつけると、背すじをあまりのばさずに済むから、臍下丹田に力が入る気がするんです。あくまで感覚的な見解ですが、だから、その姿勢でセックスをすると、とても気が高まるし、相手との一体感が格別なんです。オススメですよ（笑）。

㋓　たしかに坐位だと、あぐらよりも正坐のほうが、奥まで入りそうな感じですもんね。だからアダルトビデオでも、あぐらでの坐位があるときって、モノが長いと言われている男優さんが担当していますよね。って、なんの話を広げてるんだ（笑）。

Ⓑ　セックスの話でいうと、動物は基本的に後背位、バックが主流じゃないですか。

㋓　ええ。近代化された人間のように、おっぱいがセックスアピールになっている動物は皆無ですからね。一説には、人間はお尻を隠すようになったから、その代替物としておっぱいがセックスアピールとして発達してきたという話もあります。

Ⓑ　なるほど。最近、インスタグラムで一番人気のある動画って、若い女の子たちがお尻を鍛えている動画なんです。それはつまり、彼女たちが動物本来の形へと〝**先祖返り**〟していることを示しているのかもしれない。

㋓　そうですね。

　ではちょっと話が長くなってきたので……このあたりで一度切って、お尻の話は次の章で詳しくいたしましょう。

# 第4章

# 尻

## ——なぜふんどしは〝えくぼ〟のある尻に似合うのか

ケツ出《しゅつ》した人物はケツでケツ断する。
——エバレット・ブラウン

Ⓑ　というわけで、お待ちかねのお尻の話（笑）。ここ数年、一つ気になっていることがあります。それは、最近、日本男子たちがお祭りのときなどに「ふんどし」一丁になると、なんだか似合ってないなあ、と思えること。どうも後ろ姿に違和感があるんです。

㊓　その〝後ろ姿の違和感〟は、おそらくお尻の形の問題だと思います。お尻の筋肉は主に二つあって、一つが「大臀筋《だいでんきん》」。これはよく知られていますね。お尻の下半分についている大きな筋肉です。それに対して、大臀筋よりは少し小さくて、お尻の上半分についているのが「中臀筋《ちゅうでんきん》」という筋肉なんです。

Ⓑ　最近ようやく、雑誌やテレビ番組などでも中臀筋が取り上げられるようになりましたね。

㊓　そうですね。まだまだマイナーな筋肉なんですが、これがとても重要です。というのも、〝ふんどしの似合うケツ〟って、つまり中臀筋が発達したお尻なんです。

Ⓑ　ということは、逆に大臀筋はあまり発達していない。

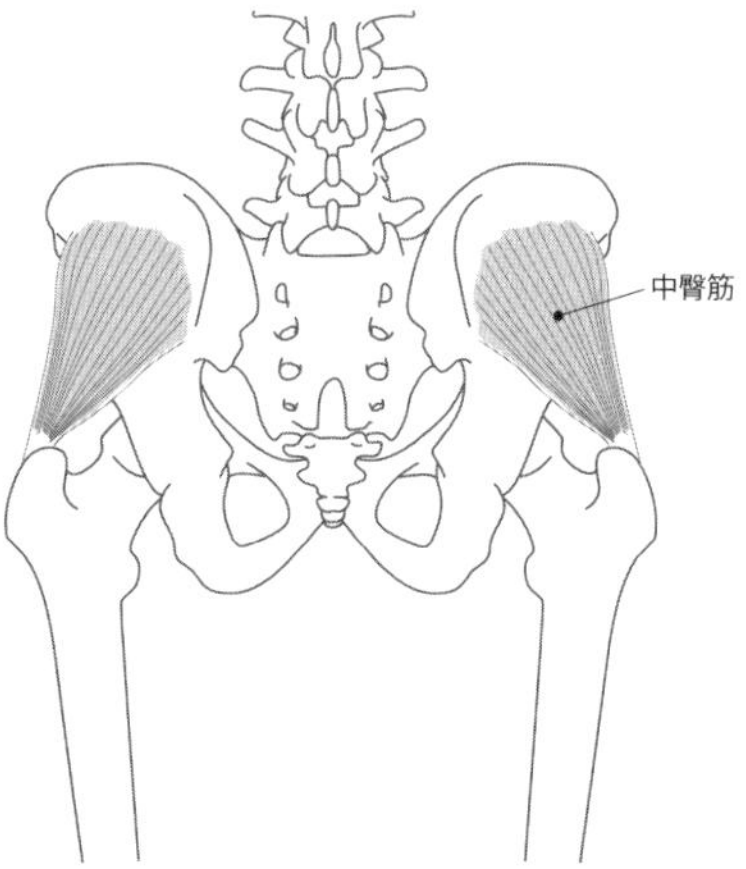


中臀筋

㋓ その通り。大臀筋が発達してしまっているお尻は、真ん丸に肥大していて、「ブリンッ！」という感じのケツなんです。そういうお尻にふんどしを締めると、ムッチリして嫌らしい感じがするんです。ただ残念ながら、現代日本人は中臀筋ではなくて、大臀筋をメインに使って生活してしまっている。だから、今の男のひとにふんどしが似合わないんじゃないでしょうか。

🅑 矢《や》頭《とう》保《たもつ》という、僕が大好きな戦後の写真家がいるんです。作家の三島由紀夫などの男性のヌード写真で知られているひとなのですが、彼が男のエロスの視点で日本の祭りを撮った写真集をつくったんです。それを見ると「美しい男の尻」とは何かがよくわかるんです。コロンと丸いんじゃなくて、「ビシッ！」っていう感じの四角いケツ。

㋓ まさにその「ビシッと四角い」っていうのが、中臀筋が発達しているということです。中臀筋が発達していると、お尻の上のほうはボリュームがあるのに、逆に下のほう、大臀筋は発達していないから、お尻の両横に〝えくぼ〟ができるんです。

🅑 たしかに！ お祭りでカッコいいひとのお尻は、横がくぼんでますね。強い力士もだいたいそう

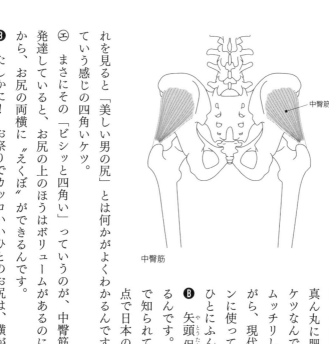

で、元横綱の千代の富士などは特に。

㊓　あと若乃花ね。「お兄ちゃん」のケツはカッコよかったですよ。そもそも日本人は古来、ふんどしとかまわしを着けて生きてきたわけじゃないですか。ということはつまり、中臀筋型のケツをしていたということで。ふんどしの似合わないヤツは淘汰されていったはずですから（笑）。

ただ相撲の話でいうと、ここ最近、大臀筋が発達したケツをした力士が増えてきていると思います。だから相撲から魅力がなくなってきているんじゃないかと、僕なんかは想像するのですが。

Ⓑ　祭りがつまらなくなってきているのと同じ構造かもしれない。

㊓　そうかもしれませんね。それで、なぜ大臀筋型のケツばかりになってきたかっていうと、これは解剖学のせいじゃないかと思っていまして。

Ⓑ　というと？

㊓　もちろん動物にも、人間の中臀筋、大臀筋にあたる筋肉はあるわけです。ただ動物の場合、大臀筋よりも中臀筋のほうがずっと大きいんですよ。つまり本来、大きさを基準に命名するなら、動物の中臀筋こそが「大臀筋」とならなければならない。

Ⓑ　なるほど。

㊓　ただ、解剖学は人間の視点でつくった学問だから、それだと都合が悪いわけじゃないですか。動物がそうだからっていって、今さら人間の中臀筋を大臀筋にして、大臀筋を中臀筋にしたら、つじつまが合わない。だから解剖学では、動物の〝小さな大臀筋〟をお尻の表面に近いところにある筋肉、

「浅臀筋《せんでんきん》」と呼ぶことで、矛盾を回避しているわけです。ただ本来は、動物の筋肉のつくりこそが正統なはずなんですよね。人間も動物の一種にすぎないわけですから。

## 小股の切れ上がったいいオンナ

Ⓑ　いまのお話、実は美容にも非常に重要なことですよね。たとえばアメリカのハリウッド俳優たちは、男優でも女優でも、どちらかというと大臀筋が発達したプリンとしたお尻のひとが多いんです。それはいわゆる「洋梨型」のスタイルがよしとされているからなんですね。

㊆　南米などもそうですね。ブラジルのサンバだと、どれだけ大きなお尻をふってセックスアピールできるかというのがポイントになっている。

Ⓑ　そう。ただ、そういうお尻だと、後ろから見たときに美しくないんですよ。ズボンやスカートのお尻の下のほうに、ボコボコとシワが寄っていて。でも、中臀筋型の〝キュッと上がった〟お尻だと、シワがなくてピンと張っていて美しいんです。

㊆　まさにそうですね。いまだに、いわゆる「ヒップアップ」のために大臀筋を鍛えるというのが、日本でも定説になっています。でも、いま言ったように大臀筋はお尻の下のほうについているから、鍛えれば鍛えるほどダランと下がったケツになっちゃうんです。もちろんケツが大きくはなるんだけども、上がってはこないわけです。

🅑 ただ、ハリウッドの俳優の話を出しましたが、アメリカ人だから全員プリンとしたケツになるというわけじゃないです。要は生活のなかで、どのように身体を使っているかということ。

㋓ だって、ブラウンさんは違いますしね（笑）。

🅑 そこで一つ気になるのが、日本に古来ある「小股の切れ上がったいいオンナ」という言葉なんですよ。

㋓ ああ、なるほど。

🅑 「小股」というのが、身体のどの部位かということですが、諸説ありますね。代表的なのは、足首のアキレス腱のところを指すという説です。

㋓ 昔の女性は和服を着ていたから、下半身で他人から見えるのが足首だけだったわけです。その足首が引き締まっていて、アキレス腱がくっきり浮かび上がっているのがセクシーだという考えですね。

🅑 はい。それで僕もずっとそう思っていたのですが、いま中臀筋のお話を聞いて、これはお尻と関係があるんじゃないかと思ったんです。というのも、第3章でもそういう話をしましたが、「見返り美人」という言葉にあるとおり、古来日本では、後ろ姿がきれいな女性こそが美しい、とされてきたわけじゃないですか。で、前の姿はお化粧などでも整えることができますが、後ろ姿はそうはいかない。そのひとの品性が滲み出ますから。だから後ろ姿に敏感だった昔の日本人が、お尻に注目しないはずはないと思うんです。

㋓ そうですね。実は僕も、「小股」はお尻に関係があるんじゃないかと思っています。具体的にいえば、さきほど話に出ましたお尻のえくぼの部分、それが着物ごしにもくっきり見えるのが、「小股が切れ上がった」状態なのではないかと。

Ⓑ なるほど。たしかに大臀筋型の大きなお尻で着物を着ると、すそが乱れて足首のところが空いてしまうから、美しくないんですよね。寸胴に見えてしまって、スラッと映らない。シュッとした後ろ姿の着物の女性には、やはり「小股の切れ上がったいいオンナ」という言葉を使いたくなりますね。

## お尻と足首の関係

㊤ 僕のお店が茅ヶ崎にある関係で、毎年花火大会の季節になると、浴衣を着た女の子たちが店の前をたくさん通っていくんです。そうすると、思わず「いいね！」って言いたくなる着こなしをしているひともいますが、お尻や足首を見ると「あーあ……」となってしまうひともいて。なかなか面白いんです。

Ⓑ たしかに最近、女性の脚を見ると、もったいないな……と思うことが多いんです。いや、もちろん、彼女たちにしてみれば「余計なお世話だよ」という話なのですが……。やはり足首を見ると、そのひとのいろいろなことがわかります。体調も足首に出ますし。体液の循環が悪いと、すぐに足首が浮腫《むく》んでくる。

㊤ そうですね。足首はたくさんの筋肉と腱が集まっている部分だから、身体の使いようによって、

太くも細くもなるんです。もちろんいまブラウンさんが言われたとおり、リンパの関係で浮腫みやすいということもあります。もう一つ考えているのは、足首の太さとケツの形というのは、密接に関連しているということ。

Ⓑ やはりそうでしょうね。

Ⓔ また中臀筋の話ですけど、この筋肉は自転車に乗るにもとても重要な筋肉です。というのも、太ももの裏側の筋肉と、前の章で話に出た大腰筋をつないでいるのが中臀筋なんです。では、どういう身体の使い方をすると中臀筋が発達してくるかというと、「つま先立ち」でいることなんです。

Ⓑ なるほど。たしかにロードバイクのビンディングペダルは、ずっとつま先立ちしているようなものですものね（四六頁写真参照）。

Ⓔ そうそう。だから第1章の「足」のところで言ったように、それを歩き方に当てはめると、つま先から着地して歩くということになるんですよ。そういう歩き方をすると、中臀筋型のケツになると同時に、足首が細くスレンダーになるんです。その証拠に、自転車選手のふくらはぎってビックリするくらい細いんです。

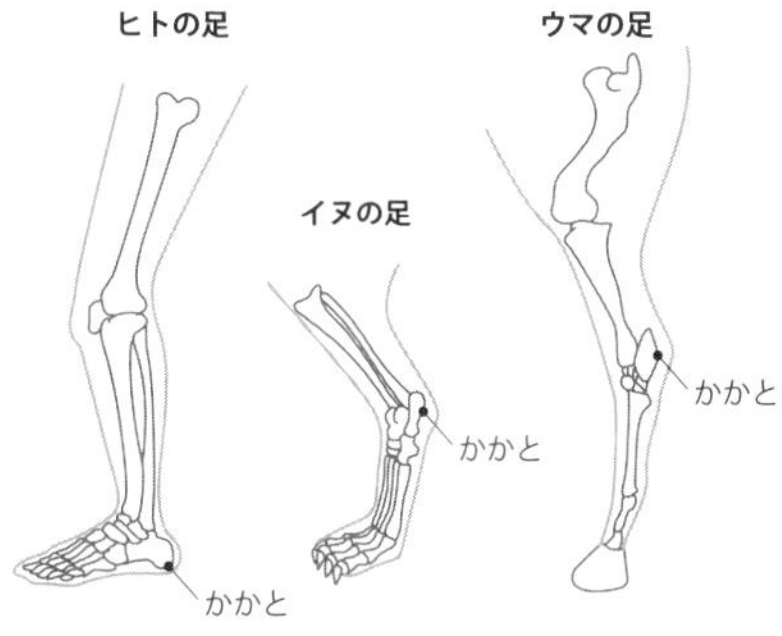

動物とヒトの脚の構造の違い

Ⓑ　第1章で出ましたが、下駄や草鞋、そして足半などの和の履物はみな、つま先寄りで着地して歩くようにできている。だからこそ、それらを履いて歩いていた昔の日本人は、引き締まった足首と中臀筋型のケツをしていた、と。

㋓　考えてみれば、動物はみんなつま先立ちなわけですからね。かかとが地面につきようがない。だからこそ彼らは、大臀筋よりも中臀筋の方が発達しているし、すねも細い。ただ人間は二足で立ち上がり、かかとを地面につけるようになってしまったがゆえに、大臀筋やふくらはぎの筋肉が発達してきてしまった。

Ⓑ　いや、面白いです。やはり身体感覚というのは、すべての部位が関連し合っているということですよね。

足首のことでさらにいうと、昔の人はあまり足袋を履かなかったんです。足袋というのは高級品だったんですね。だから基本的に、江戸時代などは女性でも、素足に下駄が多かった。それで歩くと、着物のすそがひらひらと揺れて、そこからアキレス腱の浮き上がったキュッとした足首が見える。それがとてもセクシーとされていたんです。

㋓　昔に放送していた時代劇『必殺仕事人シリーズ』に出ていた鮎川いずみさんなどは、まさにそんな感じでした。下駄で走ったときの後ろ姿が色っぽくて。

## 「下駄＝ハイヒール」説

Ⓑ　着物のことでいうと、もう一つ、歩くときに必ず内股気味になりますよね。ひざが真っ直ぐ前に出てくるというか。あれが美しいと思います。

㋓　ひざを開かずに真っ直ぐ前に出すことで、内転筋や大腿直筋といったふとももにある体幹の筋肉を有効に使えるんです。もちろん中臀筋も。その証拠に、自転車選手でガニ股ペダリングをしているひとは、まず大成しない。あと野球選手のイチローも、実に美しい歩き方をしますよね。ネクストバッターズ・サークルで待機しているときなど、かなりの内股からスウィングしているのもよく見ました。

Ⓑ　最近気になるのは、男性のみならず、若い女性のなかにもひざを開いてガニ股で歩くひとが多くなってきたことなんです。

㋓　立ち姿は美しいのに、歩き始めた瞬間に、中年の太ったオジサンのような歩き方をするひとがいたり……。

Ⓑ　なぜそうなってしまうのでしょうか。

㋓　おそらくですが、ひざを閉じて歩くとなると、体幹の筋肉が有効に使われます。逆にいうと、体幹の筋肉がしっかりしていないと、ひざを閉じて歩くのは難しいということになる。

Ⓑ　なるほど。わざとガニ股にしているんじゃなくて、物理的にひざを閉じることが難しい。

㊇ そうなんです。一番大きな原因は、やはりお尻でしょうね。ガニ股になってしまうひとのお尻は、ほぼまちがいなく大臀筋型の垂れ下がった状態になっていると思います。大臀筋が一番有効に使われるシチュエーションを考えると、つま先を開いて、ひざも開いて伸ばした上、かかと荷重で歩くときなんです。これは、第1章でお話した「和の歩き方」とはまったく真逆ですよね。

Ⓑ はい。でもたぶん、ガニ股で歩いているひとたちは自分の歩き方に違和感を持っていないですよね。傍から見ると、「オヤッ!」と思うわけですが。

㊇ 女性でもガニ股で歩いているひとが目につくようになってきたのは、ここ一〇年くらいではないでしょうか。もともとは男性に比べて、日本の女性の歩き方は崩れていなかったと思います。

Ⓑ 明治時代に西洋からクツが入ってきてからも、女性は「素足に下駄」の時期が長かったんですよね。和服を日常的に着ている女性も、昭和の初期くらいまでは普通にいました。

㊇ 履物といえば下駄しか持っていない、というのが通常だったわけですね。そこにだんだんとハイヒールが入ってくるわけですが、まだ「女性の履物といえばハイヒール」という時代はよかったんです。というのも、**ハイヒールと下駄、実は歩き方がそれほど変わらないんです。**

Ⓑ ハイヒールもつま先から着地する履物ですものね。少し前までは、就職活動であったり、会社に行くときには多くの女性がパンプスを履いていましたが、現在は少し変わってきていますね。

㊇ そうですね。もちろん前提として、誰もが、好きなときに好きな靴を履けばよいと思っていますが、傾向としてみると女性がスニーカーを履いて外出する機会が圧倒的に増えていると思います。そ

こで、スニーカーを履いた途端に、女性の歩き方も男性と変わらなくなってしまったんです。

Ⓑ つまり、下駄やハイヒールとちがって、スニーカーには歩き方を「矯正」してくれる機能がないということですね。

## 『西郷どん』、黒木華の下駄走り

Ⓑ 考えてみたら、昔の日本人はみんな下駄や足半を履いて野山を歩いていたわけですよね。

㊓ だから当然、その多くが引き締まった足首と中臀筋型のケツをしていたわけです。ただ、男性のほうが革靴を履きはじめたのが早かったから、先に堕落していった。

Ⓑ 第1章で言いましたが、僕はふだん五本指のフットウェアを履いています。ただ今日（第4章の収録日）はね、このあとにフォーマルな集まりがあるので仕方なく革靴を履いているんです。これが久しぶりに履くと、歩きにくくて（笑）。

㊓ 僕も冠婚葬祭のときくらいにしか履きませんが、履くと歩き方がわからなくなっちゃう（笑）。「あれっ、かかとってこんなに地面についていいのか⁉」っていう。

Ⓑ クツだと一見楽に歩けるのですが、腸腰筋とか中臀筋とか、コアマッスルを使っている感じが全然しないんです。それが気持ち悪くて。

㊓ そうなんですよね。だからさっき、『必殺シリーズ』の鮎川いずみさんの話をしましたが、たと

えば大河ドラマなどで、いまどきの女優さんが下駄で走らなきゃいけないシーンがあるとして、その時は相当にトレーニングしないと難しいと思うんです。

Ⓑ　コアマッスルをちゃんと使えてないとならないから。

㋓　そうなんです。二〇一八年に放送していたNHKの大河ドラマ『西郷《せご》どん』に、黒木華さんが下駄で走るシーンが出てくるのですが、彼女は素晴らしい。下駄走りが自然で、違和感がないんです。反対に、アイドルっぽい女優さんが時代劇に出て下駄で走っているシーンを見ると、「ああ、大変だろうな」と思いますよ。普段スニーカーなどしか履いていないのに、いきなり下駄や草履を履かせて、「さあ、歩いてください！」というのはさすがにかわいそうだと思います。だってとっくに日本人は老若男女を問わずそういった履物を履かなくなって久しいわけですから。まずはそれなりの人が指導をすべきなんです。あれは一朝一夕にはできないですよ。

Ⓑ　うまく走れないと、すそが乱れて美しくないですしね。

あと、先ほど少し相撲の話が出ましたが、最近の力士にケガが多いのも、そういう日本古来の身体感覚がわからなくなっているからなんでしょうね。下半身だけで踏ん張るから、すぐに膝を痛めてしまったりする。

㋓　自転車もそうですが、**少数の筋肉を集中的に使うのは効率が悪い**んです。むしろ全身の筋肉を連動させて、〝むち〟のようにしなやかに身体を使ったほうが、パワーも持久力も出る。もちろん、身体のどこか一部に負荷が集中することもないから、ケガもしにくい。

🅑　反対に外国人の力士の中には、そうした身体の使い方はあまりしていないけれども、瞬発力とスピードを最大限生かして勝っているひともいるように見受けられます。

㋓　もちろん〝格闘技〟としては「強けりゃなんでもいいじゃないか」ということですが、それを〝相撲道〟としては見られないですよね。そこに美しさが感じられないので。

貴乃花のようなレジェンドがいまの力士に「テーピングなんかするな」とよく言っていたと思います。でもそれは彼が中臀筋や腸腰筋が使えていたからこそ言えることで、その状態を出発点としていない、いまの力士たちにそれを求めるのは酷な話だと思います。無理な身体の使い方しかできない以上、テーピングだって必要だと思うんです。

## 腰痛2種

🅑　ケガの話でいうと、僕は疲れが溜まると腰痛になるのですが、そのときにどこが凝るかと考えてみると、中臀筋のところでした。

一般的に腰痛というと、おそらく腰椎や背中などが痛くなるんだと思いますが、そこはあまり痛くならない。だから僕は腰痛になったときは中臀筋をたたいてほぐしてます。

㋓　スポーツをやっているひともそうですね。僕も同じですが、そもそも中臀筋がある程度発達していないひとは、そこが張って痛くなりようがないですね。

Ⓑ　筋肉がないから、張りようがない。

㋓　そう、だからなかを通っている神経も圧迫されないんです。

Ⓑ　昔の映画で、農民役のひとが「腰が痛い」って言うときは、必ず腰の横を叩いていました。いまのように腰の真ん中ではなくて。沖縄で農作業をしている年配のひとは、いまでもそうやっています。

㋓　筋肉でいえば、脊椎についている脊柱起立筋《せきちゅうきりつきん》ばかりを使って姿勢を維持していると、腰の真ん中が痛くなります。でも腸腰筋や中臀筋をメインに使っていると、そこは痛くなりようがない。

Ⓑ　もちろん腸腰筋を使っていれば、腎臓も刺激されるでしょうし。

㋓　そうですね。中臀筋が張ったときの腰痛というのは、坐骨神経が圧迫されている痛みなんです。坐骨神経というのは腰からはじまって、脚の裏側を通ってつま先まで達している神経です。だからつま先着地で歩くと中臀筋が発達するというのは、考えてみれば当たり前の話。もちろんそうすることでハムストリングスも発達します。

Ⓑ　僕はあまりプロ野球は見ないのですが、相撲と似た話で最近、体重のあるバッターが一塁まで全力疾走して、ハムストリングスを肉離れしてそのまま戦線離脱、というパターンの話をよく聞きます。

㋓　はい。なぜハムストリングスが肉離れするかというと、やはりそれも中臀筋が使えていないからなんです。

Ⓑ　なるほど。

㋓　そういうケースで怪我をする選手が走っているところをよく見ていただくと、おそらく多くの場合「かかと着地」で走っていると思います。つまり、ハムストリングスも中臀筋にも刺激が入らず、発達していない状態なわけです。それで彼らはどうするかというと、レッグカールマシーンというのを使って、ハムストリングスだけを筋トレします。でも、筋トレで鍛えたハムストリングスは肉離れしやすいんです。

本当ならば、走り方をつま先着地に変えて、中臀筋を使えるようにすることで、結果としてハムストリングスも使えるようにする、というのが正しい順序だと思います。

## 中臀筋を鍛えるには「ケンケン」せよ!

㊓ 最近はどうかわかりませんが、一昔前までの子どもって、みんなケンケンをしてたじゃないですか。要は片足で飛び跳ねて不安定な状態でのバランスを競い合っていた。

Ⓑ ケンケンで鬼ごっこをしたり、押し合いっこをしたり。

㊓ そうそう。実はケンケンってね、中臀筋を鍛えるには最高のトレーニングなんですよ。

Ⓑ なるほど。たしかにケンケンは必ずつま先着地でやりますよね。

㊓ その通りです。**ケンケンでかかとから着地するひとって絶対いない**んですよ。つま先から着地するということは、ハムストリングスや中臀筋といった体幹の筋肉が有効に使われる。しかも片足でバランスをとって行うから、さらに効果的なトレーニングになるんですよ。

この間のW杯も盛り上がったラグビーですが、実はバランスがとても重要なスポーツです。知り合いに子どもたちにラグビーを教えているひとがいて、聞いたんですが、バランスを鍛えるためにケンケンをさせているそうです。強いボクサーに縄跳び上手が多いのも同じことだと思います。

🅑 そういえば、高い木とか塀の上から飛び降りたりして遊ぶときも、つま先着地ですものね。子どもの遊びというのは、中臀筋をはじめとしたコアマッスルを使うものが多いのかもしれないですね。

それでいうと、今はほとんどなくなってしまったけれど、昔は小学校のグラウンドに〝登り棒〟ってありましたよね。

㊓ もうないんですか?

🅑 そのようです。落ちたら危ないからという理由でしょう。でもあの登り棒も、実は体幹の筋肉を鍛えるのに最高のエクササイズなんですよね。

㊓ 身体の芯を意識して、バランスをとりながら登らなきゃいけないですからね。木登りも同じですよね。昔は木登りしてよく親に怒られたものですが、ああした遊びのなかで、子どもたちは身体の使い方を学んでいた。

🅑 あとは竹馬もね。あれって〝ナンバ歩き〟そのものでしょう?

㊓ そうそう! 竹馬も最高のエクササイズですよ。子ども時代にはそういう遊びがあって、無意識に中臀筋を使って生きているけれど、大人になるとそういう機会がない。だから次第に大臀筋型のケツになっていってしまう。

Ⓑ　大臀筋型のお尻だと、足も太くなりますよね。

㋓　そうなんです。ふとももの外側の外側広筋《がいそくこうきん》という筋肉が発達してしまうんですね。もちろん、ふくらはぎのヒラメ筋や腓腹筋もむだに使われてしまうから、太くて不恰好な脚になってしまう。サラブレッドの尻が、カッコいいケツの代名詞みたいに言われますよね。でも実は、あのときに僕らが見ている馬のケツというのは、大臀筋じゃなくて中臀筋なんですよ。だからこそ、サラブレッドの脚はスラッとしているわけです。

## デカい筋肉は使えない

Ⓑ　たしかにそうですね。この章のはじめに、ハリウッドの俳優には大臀筋型のお尻のひとが多いと言いましたけど、大臀筋とかふとももの前側にある大腿四頭筋、あるいは上半身だと腹筋とか大胸筋を鍛えて筋肉を〝大きくしよう〟というのは、いわばアメリカのボディビル的な考え方ですよね。

㋓　はい。ただ残念ながら、いまの日本で「カラダを鍛えています」というひとの八割五分までは、やはりボディビル型です。それこそ甲野善紀さんとか、イチローみたいな身体の鍛え方をしているひとは、とても少ない。

Ⓑ　イチローは筋トレはするけれども、負荷があまりかからないマシーンでやるそうですね。筋肉を大きくするのが目的ではなくて、全身の筋肉を連動させて滑らかに動かすためのトレーニングだと聞

いたことがあります。

㋓　本来の筋肉の動き・働きというのは、そういうことなんだと思います。一つ一つの筋肉がいくら大きくても、大した意味はない。いかに多くの筋肉を連動させて、しなやかにパワーを発揮できるかというのが身体操作の醍醐味になってくる。

Ⓑ　そう。山伏修行で山道を歩いていると、自然とそういう身体の使い方をするようになります。パワーは使わないんです。最初はみんな普段の身体感覚のままだから、力を入れすぎて大腿四頭筋とふくらはぎがすぐパンパンになるんですね。

それが歩き続けているうちに次第に変わってくるんです。足指のセンサーをフルに働かせていないと転んでしまうから、もちろんつま先着地になるし、猫背気味になるし、あらゆる感覚が鋭敏になってくる。中臀筋も確実に有効に使われているはずですよ。じゃないと生きて帰れない（笑）。

㋓　そうですよね。中臀筋を意識しなくても、勝手に使われていると。ただ、現代人の普通の生活だと、そういう場面がほとんどないんですよね。だから**中臀筋を日常的に意識することが、生活の質を向上させることにつながる**と思うんです。駅や会社の階段の上り方を意識するだけでも、だいぶ変わるんじゃないかな。

## お尻は経絡のホットスポット

Ⓑ　経絡で見ても、お尻はとても重要なんです。お尻と仙骨まわりはセットになっているんですが、重要なツボが集中しているんですね。特に前立腺のところにある「会陰《えいん》」。これと頭のてっぺんにある「百会《ひゃくえ》」とのつながりが、体調を保つ上ではとても大切なんです。

㊁　仙骨。第1章で話しましたが、仙腸関節って、大人になると固まってしまいますが、子どもの頃はよく動くんです。それでいまお話したようなケンケンや竹馬、登り棒をやると、自然と仙腸関節がよく使われる。それが子どもにとっては気持ちがよいのではないかと考えています。気持ちがいいから何度もやりたくなるし、やっていて楽しくなる。なぜ気持ちがよいかというと、ブラウンさんがおっしゃったように、経絡の話と関係しているような気がします。

Ⓑ　いってみれば、子どもは動物に近い感覚を持っていますからね。動物は身体を動かすこと自体に喜びを感じるじゃないですか。子どもも同じなんだと思うんです。

㊁　そうですよね。これは聞いた話なのですが、家で飼われている犬は、太ってくると全然散歩に行きたがらないそうです。それで飼い主がエサを制限して、体重が落ちてくると、途端に元気になって外に行きたがる。

Ⓑ　放牧された牛も同じですよね。彼らも放牧された瞬間に、めちゃくちゃ飛び跳ねて喜びます。身体を動かすのが楽しいという本能を彼らは持っている。それを失ったら、生きていけない。

しかし、そう考えると学校から登り棒がなくなったのは巨大な損失かもしれない。当時の子どもたちは、毎日あれを登り降りしてたでしょう（笑）。

㋓ そうですね（笑）。なんだかわからないけれど、楽しくて仕方なかったですよね。おそらく、登り棒は竹馬やケンケン以上に、インナーマッスルのトレーニングになるような気がします。

🅑 いまやジャングルジムも少なくなってきていますからね……。

㋓ 残念ですよね。昔は「ジャングルジム鬼ごっこ」とかやってました。考えてみるとめちゃめちゃ危ない遊びなのですが。

🅑 それはどういう遊び？

㋓ 文字どおり、ジャングルジム内限定でやる鬼ごっこです。ほぼパルクールみたいなもの。

🅑 ああ、それは危ないね、でも楽しそうだね（笑）。友だちと頭をぶつけたりはしない？

㋓ それが不思議なもので、ほとんどぶつけた記憶がないんですよ。山伏修行と同じで、自然と適切な身体の使い方ができていたんでしょうね。

🅑 山伏修行は自然のなかで行うわけだけど、**日常にある人工物を使っても、同じようなことはできる**ということですよね。もちろん、大の大人がジャングルジム鬼ごっこをやっていたら、まちがいなくおかしな目で見られるでしょうが（笑）。

㋓ 最近ボルダリング・ジムが流行してますけれど、あれは大人にも子どもにもとてもいいですよね。登り方を考えなくてはならないから頭も使うし、安全も確保されている。少なくともジャングルジム鬼ごっこよりは社会的信用を損なう危険性もない（笑）。

## 和式トイレへの挽歌

Ⓑ　次第に消えてきたものといえば、いよいよ和式トイレが全国から消滅するらしいんです。
㋓　オリンピックに向けてということですか？
Ⓑ　それもありますし、実際に高齢化が進んでいるから、洋式トイレの方が楽だということも。
㋓　むしろ高齢者こそ和式トイレの方がいいと思うんですが。
Ⓑ　そうですね。昔は「洋式便所は気持ち悪いから嫌だ」というおじいちゃんがかなりの数いたと思うんです。和式だと洋式よりも筋肉を使うから、便秘にもいいですし。
　ただ最近だと、しゃがんで用を足すのが少し野蛮っていう見方がありますよね。
㋓　先日、海外のどこかのブランドで、コマーシャルで中国人をバカにしたのが問題になりましたが、そのなかでも「しゃがんで用を足す」ことが揶揄されてましたね。そうはいっても、身体感覚的に見ると、やはりしゃがんで用を足すほうがいい。
Ⓑ　和式トイレのほうが、用を足したときに爽快感がありますね。それは身体が喜んでいるということだと思います。
㋓　少し話が変わりますけど、男性が洋式トイレで小用を足すときに、坐ってするひとが六割を超え

たらしいですよ。

Ⓑ ホテルやデパートのトイレで、そう指示する表記を出してるところもありますね。もちろんそれは、坐ってするほうがミスが少なくて、便器が汚れないからという理由ですが。

㋓ 実は、僕はもう二〇年前から坐ってする派なんです。というのも、トイレ掃除は自分ではなく妻がするので、こちらの都合で余計に汚すのも悪いなあと思って。

Ⓑ それは素晴らしい。でもね、やはり立って小便をする快感ってあるでしょう？

㋓ ありますね、たしかに。

Ⓑ 特に野外でする「立ちション」が最高に気持ちいいですよ。あまり大きな声でする話ではないですが（笑）。

そういえば、一昔前までは、「男性用の小便器」がある家がかなり多かったんじゃないでしょうか。

㋓ そうですね。陶器でできているタテ長のもので、足元に不思議な下駄の形をした足をおく台があって。

Ⓑ そうそう（笑）。いわゆる「ボットン便所」と、その男性用小便器がセットである家がけっこうありました。

㋓ 洋式トイレで便座を上げて立ち小便をするからいけないわけで、別に男性用小便器を復活させればいいんじゃないかな。そうしたら女性の迷惑にもならないだろうし。

## 飲尿健康法

Ⓑ お尻の話からだんだんそれていってますが、便器の話が出たのでついでにいうと、僕は自分のオシッコを飲んでいるんです。

㊓ え？　飲尿健康法ってことですか？

Ⓑ はい。もう三〇年くらい、ほぼ毎朝コップ一杯飲むようにしてるんです。エンゾさんは飲みますか？

㊓ いや、さすがに飲まないですね（笑）。やってみようかな、と思ったことは何度かあるんですけど。どうなんですか？

Ⓑ 飲むのと飲まないのとじゃ、もう全然体調が違いますね。

㊓ ああ、そうなんですね。僕もすごい興味はあるんですよ。ただ勇気がないだけで（笑）。

Ⓑ 僕もはじめたばかりの頃は、抵抗があったのですが、これが本当によく効く。寝る前にいつも漢方を飲んでいるので、朝一番のオシッコを飲むと、漢方が二回効くんです。

㊓ 僕が思うに、オシッコって身体の色んな情報が入ってるわけじゃないですか。

身体のなかの色んなところを潜り抜けてきた結果のものだから。だから、それをまた飲むことで、脳に情報がフィードバックされると思うんです。改めて「あなたの身体は今こんな状態ですよ」と。その結果、身体の状態に適したホルモンが出たり、調整がかかるのかなと。

Ⓑ　そういう実感がありますね。朝おきて一番にする小便の、ちょうど半分くらい出たところがいいんですよ。それをコップに入れて、あまりなにも考えずその日の気分で、全部飲んだり、ちょっとだけで済ませたり。病気だったり、調子が悪いときはなるべく全部飲むんです。

㊁　そうなんですね。

Ⓑ　調子が悪いときは、気分的にはあまり飲みたくないんです。でも、飲めば体調がよくなることが経験的にわかっている。

㊁　なるほど。でも、体調が悪いときの小便は飲みたくないというのは、なんとなく理解できる気がしますね。身体の状態を再確認したくないって、脳が思うのかも。

Ⓑ　そうです。いまだと薬がたくさんあって、医者に行けばすぐに診断してくれますが、昔のひとはそういうことが叶わなかったわけですね。じゃあどうするかというと、一番手近な身体の情報を得ようと思うと、それがオシッコだったんじゃないかな、と想像しています。自前でする尿検査という……。

㊁　そうですよね。実際に犬は他の犬のオシッコの匂いをかいだり、お尻をなめたりすることで情報をやりとりしているわけですからね。

Ⓑ　糖尿病やガンのひとに特有のオシッコの匂いがあるんですよ。

㊁　あとね、調子のいい悪いで、オシッコの出具合が変わってきますよね。調子が悪いときって、尿道がヒリヒリするんです。でも絶好調のときは、尿道がたっぷり開いていて、出してる感覚があんま

りないんですよね。

Ⓑ　わかりますね、それ。

㊓　お医者さんにどうなんですか、と聞いたら「そのとおりです」と。だからやはり、オシッコには色んな情報が含まれているということですね。

## お尻と芸術、直感、度量

Ⓑ　同じ出具合の話でいうと、キレのいい大便が出たときって、とても気持ちがいいでしょう。

㊓　そうですね。

Ⓑ　それで、僕は昔、腸内洗浄を定期的にやっていたときがあります。初めてやったのはタイだったんですが、最初はものすごい抵抗感がある。一回で二〇リットルくらいの白湯やコーヒーを使って洗浄するんですから。もちろん少しずつですけどね。

㊓　色々試してみているんですね（笑）。

Ⓑ　だけど、いざやってみたら、とても不思議なことがおこったんです。子どもの頃からずっと抱えていたあるトラウマが、ふっと消えてなくなったんですよ。

㊓　なるほど。「腸は第二の脳」というくらいですから、トラウマが腸のどこかにリンクして宿便のように溜まっていたのかもしれない。

Ⓑ そうなんです。そのときはキレのいい大便をしたときの何倍もの爽快感がありました。それで思ったのが、優れた芸術家や僧侶にはゲイのひとが多いということ。

㊓ そうか……。だからか。

Ⓑ だからなんです。肛門が刺激されることで、腸が活性化する。その結果として脳に素晴らしいインスピレーションがもたらされることもあるのではないかと。ヨーガにおけるクンダリーニというエネルギーの流れでも、肛門はとても重要です。

㊓ レオナルド・ダ・ヴィンチがよくトイレのなかで思索をしたという話も聞きますね。

Ⓑ アメリカのジョンソン元大統領は、大統領用の個室便器で用を足しながら、まわりに部下を集めてミーティングをしたんです。部下のひとは大変だっただろうな、と思いますけど（笑）。

腸内洗浄の話でもう一ついうと、最初は一リットルも腸に入れられないんです。肛門に受け止める力がないんですね。でもだんだん慣れてくると、二リットルでも平気で入るようになります。肛門が強くなるんです。それで思うのは、この**肛門の「受ける力」と、精神が大きなものごとを「受ける力」というのは、とても関係がある**ということ。

㊓ なるほど。

Ⓑ 物事を受け止める力と、あと手放す力。肛門が強くなると、そういう精神の働きがうまく行くようになる実感があります。

㊓ それは腑に落ちますね。だからこそ日本語では、心の狭いひとを「ケツの穴が小さい」というわ

けだし。
　僕はよくSM系の官能小説を読むのですが（笑）、だいたいの作品で浣腸のシーンが出てくるんですね。

Ⓑ　はい、出てきます（笑）。

㋓　面白いのは、そういうシーンで決まって、「浣腸されたあとの女性が美しくなる」っていう描写が出てくることなんですよ。そしてその女性にはそれまでに何らかの抑圧があった、という設定になっていることが多い。

Ⓑ　わかりますね。やはりカルマとかトラウマとかが出るんですよ、便と一緒に。

## お尻がつなぐ「性」と「聖」

㋓　そういえば、僕の知り合いの三〇歳くらいの若者は、定期的に下痢をするようにしているとのこと。そうすることで心身ともにスッキリすると。それで、たぶんそうして心身を清めていくうちに、色んなものが見えてくるようになってしまったようです。キリスト教徒になって、バチカンに行きました。

Ⓑ　へえ！　彼は日本人ですか？

㋓　そうです。いまは日本に帰ってきて、熱心に布教活動をしています。

Ⓑ それは面白いですね。宗教ということでいえば、南方熊楠が書いていますが、高野山のあたりの僧侶には「稚児」の文化があるでしょう。

㊁ はい。

Ⓑ あれはね、ただの男色の文化じゃないんです。そうやって男同士でセックスをすることで、肛門が刺激されて、「性」を通じて「聖」の開発につながっている、と。インドのサイババもそうだったという話があります。

㊁ それはわかる気がします。密教の世界ですね。

Ⓑ そう、密教です。ポリネシア系の文化だと、伝統的に男の子が成人になると、年配の男性と暮らして、もちろんセックスもして、それで初めて大人の男として認められるという風習があります。日本でも、九州のほうでは少し前まで稚児文化が残っていたと聞きます。

㊁ 考えてみれば、江戸時代までは「陰間《かげま》」じゃないですが、男色の文化も普通に盛んだったわけですね。惚れた男娼と心中した男の話も残っていますし。歌舞伎の女方を務める少年たちが、色香の象徴である前髪を禁止されて「月代《さかやき》」を剃らなければならなくなったとき、彼らを愛する男性ファンたちが「血の涙を流した」といわれているくらいです。

Ⓑ 戦国時代の武士の文献にもね、「今日はいい男がいなかったから、仕方なく女性と同衾《どうきん》した」みたいな記述が残っているんですよ。同性のほうが上なんです。で、セックスの相手として一番危険なのは「美しい女性」だと。美しい女性は、男性の心を引っ張ろうとする。

㋓　なるほど……。

🅑　以前に『Japanese Samurai Fashion』（赤々舎、二〇一七年）という写真集を作ったときに、そのような武士の男色、フェティッシュの文化を再発見したんです。時代によって憧れの男の理想像が変わってくることもわかって、とても興味を惹かれましたね。

㋓　いろんな意味で、話がかなり濃くなってきたので、そろそろ次のテーマに移りましょうか（笑）。

第5章

# 腹――なぜ大仏のお腹はふくれているのか

腹が固くちゃ戦はできぬ。
――エンゾ・早川

## “ウエスト”って、どこ？

㊓　本章では腹がテーマということで、まずは“ウエスト”という言葉の定義から入ってみたいんです。というのも、一般的にウエストというと、お腹の一番細い部分をさすと思います。

Ⓑ　はい。だからウエストの位置には個人差がある。

㊓　そうなんです。それで、日本人の場合、おへそのあたりがウエストだ、というひとが、特に女性の場合多い。

Ⓑ　アメリカやヨーロッパの場合、おへそのところは意外と太いひとが多いんですよ。

㊓　まさにそこなんです。ヨーロッパの場合、スポーツ選手でもそうですが、へそまわりはグッと張ってることが多いんです。それは先に話に出た腸腰筋や、腰の両サイドにある「腹横筋《ふくおうきん》」という筋肉が発達しているからで、つまり日本人よりもウエストの位置が高くなるんです。

Ⓑ たしかに日本人に比べて、おへそまわりの筋肉はしっかりしてますね。

㊇ 作家の開高健は、日本人特有の体型をした女性のことを〝胴長姫〟と名づけたんですね。その是非はともかく、筋肉の発達の影響で胴の部分が長く見えてしまうのはたしかです。

Ⓑ たしかに現代の日本では、若い世代でよりこうした体型の女性が多い印象があります。だから着物が似合わないということもあるのかも。

㊇ 最近だと着つけのときに、帯の下にタオルを何枚も巻かなくてはならなくなっているようです。お腹がしっかり張っていないから。でも昔のひとがタオルを入れていた、なんてことはないはずなので、つまりかつての日本人は現代の欧米のひとたちと同じように、おへそまわりは太くて、ウエストの位置は高かったと思うんです。

Ⓑ そもそも、着物を着るとウエストの太い細いがあまりわからないですからね。現在は、ウエストが細いことが魅力とされていますが、江戸時代まではそれほど意識されていなかったでしょう。

㊇ そうだと思います。ですから逆に現代日本人からすると、欧米の女性たちの「ウエスト＝おへそまわりは太い」ということになってしまいますが、実はその方が本来の姿なんだと思います。

## 日本の「スリーサイズ」文化

Ⓑ そういえば、日本には「スリーサイズ」の文化がありますよね。バストとウエスト、ヒップとい

う。

㋓　グラビアアイドルなど、それが売りになる人たちは公表していますが、これは本来単なる数字でしかないですよね。でも日本の男は、その数字に性的な魅力を感じるんですよね。数字だから確かめようもないのに。

Ⓑ　数字に欲情する（笑）。性癖ですね。

㋓　そう、性癖なんです。ウエストでいうと、日本の男が一番欲情する数字が「58」だといわれています。

Ⓑ　58センチって相当な細さですよ。誰が決めたんだろう？

㋓　自然に形成されてきたのではないかなと。だからアイドルがよくサバを読んで、プロフィールに「ウエスト：58センチ」と書くそうです。これが「61」などになると、途端に人気が落ちるとか。欲望の対象になりにくくなるんですね。でも実際には、「63」でもかなり細いです。

Ⓑ　なるほど……。プロフィール通りのスリーサイズのひとは少ないでしょうね。日本特有ということではなく、海外の芸能界でも似たようなことはあります。

㋓　以前、テレビでプロフィール通りのスリーサイズのマネキン人形をつくる番組を見たことがあります。できあがったマネキンを見たら……（笑）。

Ⓑ　なんとなくわかるね（笑）。やはりスリーサイズのなかでも、ウエストのサバを読むひとが圧倒的に多いでしょうね。でも、たとえばイタリアなどでは、「ウエストの細いヤツはモテない」と言わ

れるんですよ。

㋓　僕も知り合いから聞いたことがあります。

🅑　イタリア人の感覚だと、ウエストが細くてお腹がペッタンコなのは、まだ「子ども」なんですね。だから結婚相手や、真剣な恋の相手など、対等な男女関係の範疇に入ってこないんです。

㋓　でも反対に、日本や韓国や台湾のアイドルは、本当にウエスト（おなかまわり）が細いじゃないですか。それがいいという価値観が最近、ヨーロッパにも広まってきていると聞きます。でも、それはあくまでアイドル、〝偶像〟としての魅力であって、恋人や性の対象にはまだ至っていないのかもしれない。

## ウエスト＝生命の源

㋓　イタリア語だとウエストは「vita（ヴィータ）」といいますが、この言葉には別の意味もあり、それが「生命」という意味なんです。

🅑　英語の「vitality」（活力：バイタリティ）の語源ですね。

㋓　そうなんです！　つまりイタリア人は、ウエストが生命力の源だと考えているからこそ、ウエストのしっかりした「大人」に魅力を感じる。今の日本とは真逆の考え方ですね。

🅑　イタリアでは古代から、「魂は肝臓に宿る」といわれてきたと聞いたことがあります。でも、これまでずっと話してきたように、日本にも古来「丹田」の文化などがあり、近似的な考え方が明治あたりになるまでは続いてきたわけですよね。

㊓　そうですね。着物の話もそうですが、ブラウンさんがおっしゃった通り、かつての日本人も確実にウエストを「生命の源」だと考えていたはず。だから、それほど大事な部位が細いほうがいい、なんていう考え方はしていなかったはずです。

🅑　実は世界的に見るとインド人やアラブ人もそうなんです。特に男はお腹が出てないと魅力的じゃないとされている。まあそれは、お腹が出ているということは栄養が摂れているからお金がある、という理由もあるらしいのですが、お腹がしっかり出てるひとには生命力を感じますよね。

㊓　アフリカでもそうですよね。とある部族の話なのですが、「短期間でめっちゃ太る」男の祭りをテレビで観て。トウモロコシや山羊のミルクなどを、とにかく食べて飲んで、いかに太れるかを競うんですね。つまり、「**効率よく太れる男が強くて魅力的**」という考えがその元にあるわけです。でも祭りが終わると、みんなあっという間に痩せていってしまうそうですが（笑）。

🅑　「太り方を競う」というのは、比較的に南半球側に多い考え方ですね。ポリネシアにも同じような風習があります。「豊饒さ、豊満さ」を競うんです。日本の相撲もその延長といえるかもしれない。

㊓　そんな感じがしますね。以前出した本でも述べたのですが、「太りやすい」というのは言い換えれば「燃費がいい」ということ。食物を効率よくエネルギーに変換できて、なおかつ基礎代謝が低いからこそ、素早く太れるわけです。野生動物の基準で見れば、そのほうが生き延びるためにはあきら

かに有利なんです。

Ⓑ　でも、現代の日本は違いますよね。いかに基礎代謝を上げて、たくさん食べてたくさんエネルギーを使うか、つまり「燃費が悪くて太りにくい身体」をいかにつくるかがドグマ（教義）のようになっている。

㊓　その通りです。だからスポーツ選手が引退すると、ちょっと見ない間にとんでもなく太っている、ということがありますね。でも、あれは当然なんですよ。栄養を吸収しやすい現役時代の身体のままで、運動量がガクッと落ちるわけですから。必然、エネルギー＝脂肪が準備される。

Ⓑ　ついこの間、僕はとあるラグビー強豪国の代表チームのキャプテンと一週間ほど仕事をしたんです。彼は、毎日三食、肉じゃないとイライラするんです（笑）。しかも量がハンパじゃない。

㊓　それは強烈ですね。

Ⓑ　だから二時間の焼肉食べ放題に行ったりすると、会話なんて全然ない（笑）。ただ黙々と、信じられない量の肉を口に運ぶんです。「この二時間のあいだにいかにタンパク質を摂れるか」という頭で食べるんです。だからもうそれは食事じゃなくて、スポーツの一部なんですね。

㊓　なるほど……。そのラグビー選手にしても、やはり「いかに効率よく栄養を摂るか」ということを考えているわけですよね。それはスポーツ選手としては当然のことですが、その価値観が一般人にとっても当然のことになっている。しかし、燃費が悪いと身体が疲れやすくなるわけだから、仕事のパフォーマンスにも確実に影響してくるはずなんです。

## “現代の生き仏”の体形

Ⓑ　第1章で話に出ましたが、僕は以前、塩沼亮潤さんという素晴らしいお坊さんを撮影したことがありました。大峰千日回峰行という仏教の荒行中の荒行があるんですが、奈良吉野の金峯山の一三〇〇年の歴史のなかで二人しか達成者が出ていない過酷な修行なんです。塩沼さんはその二人目の達成者で、敬意をこめて「大阿闍梨《だいあじゃり》」と呼ばれています。

Ⓔ　千日回峰行というと、僕はぼんやりとしか知らないんですが、千日間毎日、険しい山道を四〇キロ以上歩くと聞きました。

Ⓑ　そうです。しかも食べるものはご飯と味噌汁だけで、睡眠時間は四時間半という過酷さ。修行中の体調は「悪いか、最悪かのどちらかだった」と言っていました。しかも、この行ははじめたが最後、途中でやめることができない。やめるときは、自決しなければいけないんです。そのための短刀と縄をつねに携帯している。

Ⓔ　すさまじいですね。それを満行されたということは、まさに“現代の生き仏”ですね。

Ⓑ　まさにそうです。でも、実際に会った大阿闍梨はというと、すごく小さいんです。たぶん一六〇センチ少々くらい。でも大きく見えるんです。それはなぜかというと、やはりウエストまわりがしっかりしているからなんですね。

Ⓔ　つまり、体幹まわりが発達している。

Ⓑ　そうです。お尻やふとももがッチリしている。それでいて手脚の先のほうは細い。そして痩せているのに、けっこうお腹は出ているんです。

㊓　なるほど。たとえばダイエットでも、お腹まわりの脂肪は最後まで残りますね。あれは裏を返せば、お腹まわりを脳が「脂肪を貯蔵するのに適した場所」と判断しているからなんですよね。逆に、お腹まわりの脂肪がなくなってしまうと、非常時の燃料タンクが空ということだから、危ないんです。だから大阿闍梨のお腹が出ているという話は、当然といえば当然です。そうでないと千日回峰行はとてもやり通せないでしょう。

## メタボリックシンドロームという〝謎の文化〟

㊓　今の日本には、メタボリックシンドロームという不可思議な概念が存在するんですが、ご存じですか。

Ⓑ　健康診断のときにお腹まわりを測って、ある基準値以上だと「不健康だから節制してください」と言われるヤツですよね。でも正直、お腹まわりを測っただけでなにがわかるの？　と思います。

㊓　そうですよね。僕はあれほど意味不明な〝文化〟は他にないと思っています。ここで断言しておきますが、メタボ健診にはなんの根拠もない。たしかに、ざっくりした傾向みたいなものはわかるかもしれないですが、個々人にとってはまったく意味がないですよ。

Ⓑ　同じウエストが太いにしても、不健康で太ってお腹が出ているひとと、健康だけどお腹が出ているひとがいるでしょう。

㊏　そういうことです。メタボリックシンドロームはそれを考慮してないですから。

Ⓑ　東洋医学でも、いい「気」があふれているひとほど、お腹が張っています。逆にお腹が引っこんでいると、気が上に行ってしまうので、いろいろな動きがしにくくなる。

㊏　なるほど。そういえば僕、箱根の芦ノ湖で釣りをするのが趣味なのですが、一日に一二時間くらい手漕ぎボートを漕ぐんですよ。

Ⓑ　一二時間ですか？　それは相当ですね。

㊏　だから漕ぐことが一種の修行のようになってくるのですが、そのときに腹筋に力が入っているとうまく漕げないんです。あるいは漕げたとしても、一二時間はとてももたない。

Ⓑ　それは腹筋を力ませるとコアマッスルが使いにくくなるから？

㊏　そういうことです。これまでの章でもお話ししましたが、広背筋や大腰筋、中臀筋、ハムストリングスといった体幹の筋肉は、ボートを漕ぐときにも重要な筋肉です。特にすべての体幹の筋肉の出発点である大腰筋は、内臓の裏側にあるから、腹筋が緊張していると内臓に圧迫されて動きにくくなってしまうんです。

Ⓑ　よくわかります。当然、腹式呼吸もしにくくなる。

㊏　まさにそうです。だからボートを漕ぎ続けているうちに、すべての腹筋をリリースすることを会

得したんですよ。たとえていうなら、馬のお腹みたい。馬の腹は、ポヨーンって垂れ下がってるじゃないですか。

Ⓑ かかと着地の話とも共通ですが、腹筋が六つにバキバキに割れてる動物なんていませんものね。

㋓ クリスティアーノ・ロナウドみたいな馬はいない（笑）。「腹圧」という言葉があります。要は内臓が収まっている「腹腔」内の圧力のことです。現代の日本だと、これが「内臓や体幹を引き締める圧力」だと誤解されているのですが、引き締めたって辛いだけなんです。実は「腹圧」はそれとは正反対で、「内臓や体幹を解放する圧力」のことなんです。つまり外向きの圧力ということ。腹筋、いわゆる腹直筋を脱力して、横隔膜を下げて腹腔内の圧力を上げることで、内臓や体幹の筋肉への圧迫が少なくなる。その結果、効率のいい動きや呼吸、内臓の循環ができるわけです。

Ⓑ いわゆる「シックスパック」に代表されるように、腹筋をガチガチに緊張させてしまうと、逆に動きが制限されてしまうと。

## 横隔膜と大仏のお腹

㋓ 横隔膜の話が出ましたが、横隔膜が下がると自然とお腹って出てくるんです。

Ⓑ まさに腹圧によってですね。塩沼さんのお話も、もちろん脂肪の貯蔵タンクもありますが、それだけでお腹が出ているわけじゃないんです。

㋓　そうですよね。自転車ももちろんなんですが、ボート漕ぎをしているうちに、僕はすごく横隔膜を下げられるようになったんです。横隔膜を下げて自由に腹式呼吸ができるようになると、効率の悪い胸式呼吸を行う必要がなくなる。すごく呼吸が楽になるんです。たとえば、こんな姿勢で五秒ほど呼吸も続けるだけでかなり楽になります（次頁写真参照）。

Ⓑ　僕の友人に、二木《ふたき》あいというディープダイバーがいます。ギネス記録も持っている女性なのですが、彼女から聞いた話がすごいんです。

彼女は五分から六分、平気で息を止めていられるんです。僕も子どもの頃、遊びでどのくらい水中で息を止めていられるか挑戦したことがありますが、ものの一分くらいで苦しくなって、横隔膜が痙攣して痛くなりました。

㋓　そうですよね、普通。

Ⓑ　そう。でも彼女にその話をしたら、「いや、横隔膜が痙攣してからが本番なんですよ」と言われまして（笑）。

㋓　本番（笑）。そこから脳と身体のスイッチが入るってことなのかな。

Ⓑ　そうなんです。横隔膜が痙攣してはじめて、普段使っていない筋肉にスイッチが入る。だから苦しいけれど、そこからが勝負なんだ、と。それで、その苦しみを通り越して楽になると、危なくなってくるんです。

㋓　かなりギリギリの世界ですよね……。

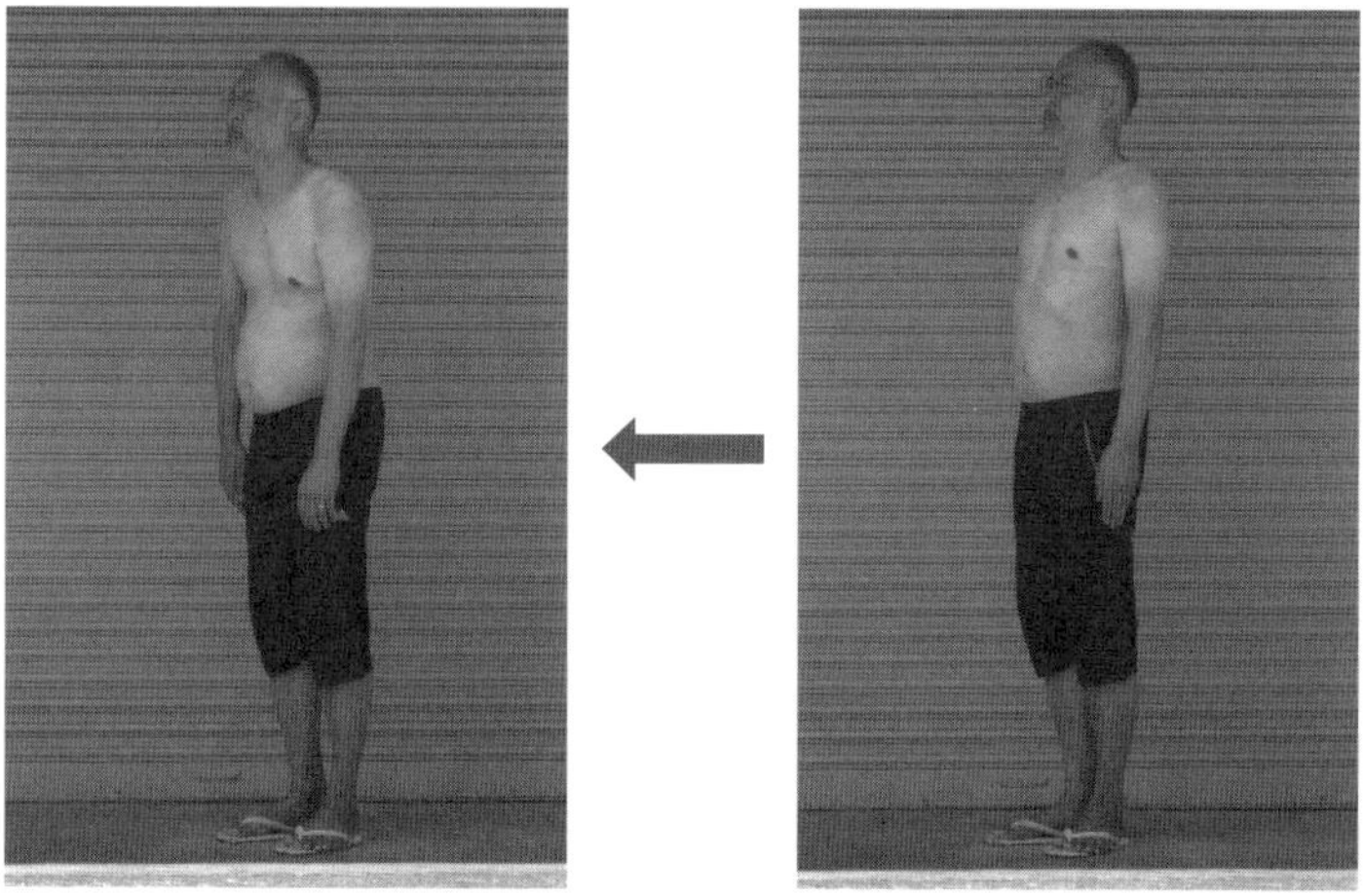

5 seconds!

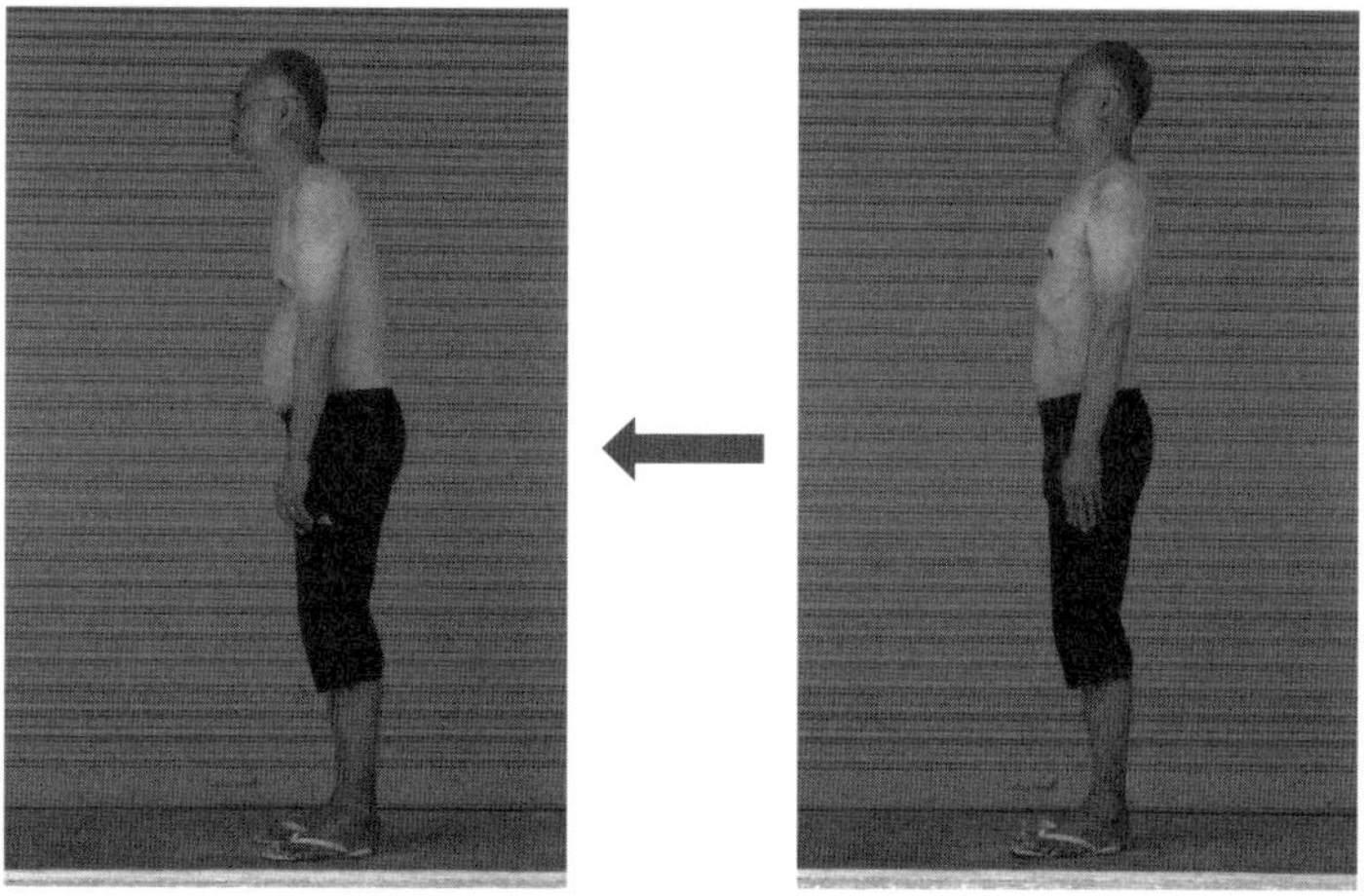

右の姿勢は腹筋を緊張させ、僧帽筋で頭を支えている。対して左では、腹筋をリリースし、腸腰筋などのインナーマッスルで姿勢を保ち、板状筋で頭を支えている。右のほうが世間的に「よいとされる姿勢」だが、肩こりや腰痛、内臓の不調といった障害になりやすい。しかし、左の姿勢に変えるだけで、たったの五秒でこれらの悩みと訣別できるのだ。さあ、あなたも今日から！

Ⓑ　はい。だからそのギリギリの線を見極めるのがプロの技なわけです。でも、普通のひとだと一分くらいが限界ですが、ちょっと頑張って練習すると、三分くらいまではけっこう行けます。そうすると、腹直筋や無駄な筋肉が脱力して、日常生活でもすごく呼吸が楽になるんです。

㊞　実は僕も息を止める練習をしていたことがあるのですが、練習をしていると、だんだん心拍数が下がっていくんです。

Ⓑ　ヨガのプラーナヤーマという呼吸法も同じです。長く、深く呼吸できるようにすることで、精神をコントロールできるようになってくる。

㊞　そうなんですね。ストレスがあって自律神経が過敏になってるときは、だいたい脈拍が高いですよね。そういうときに、息を止めて一分くらい我慢して、いったん深呼吸して、また息を止めて、というのを何度か繰り返すと、心拍数が二〇拍くらい下がります。

Ⓑ　たしかに、腹式呼吸がちゃんとできると精神的に安定してきますよね。だから、大仏ってあんなにお腹が膨らんでるのかな（笑）。

㊞　いや、実際そうだと思うんですよ。まさにあれって横隔膜を下げて、腹壁を押し出した理想的なお腹なんです。太ってふくれているわけじゃないんです。胸はぺったんこで、みぞおちからグッと張っている。仁王像などもそうですよね。シックスパックのひとは逆で、お腹がぺったんこで、胸がふくれている。胸式呼吸だからそうなるんです。

Ⓑ　古武術でも、大仏と同じ体勢にならないと技がかけられないんです。第3章でお話ししましたが、

みぞおちに「鳩尾」というツボがあります。ここが指標になっていて、お腹がふくらんでいると、ここがゆるんで、心身ともに整ってくる。逆にお腹に力が入っていると、ここが緊張してバランスが崩れてくるんです。

㊁　つまり、大仏は心身ともに整った理想的な状態を表現しているということですね。

## 政治家のお腹いろいろ

㊁　これは聞いた話なのですが、首相経験者クラスの有名な政治家を何人も担当していたマッサージ師さんがいらっしゃいました。そのひといわく、「一流の政治家はみな腹が柔らかい」と。ズボッと奥まで手が入るくらい。

Ⓑ　『北斗の拳』のハートみたいですね（笑）。

㊁　まさにあんな感じなのかもしれないです。これまでの話から考えると、これはとても象徴的なエピソードだと思います。つまり腹が柔らかいということは、腹筋が緊張していなくて、横隔膜がちゃんと下がり、内臓や体幹の筋肉に余計なストレスがかかってない状態ということ。まさに大仏のごとく、能力の高い状態にあるわけですね。

Ⓑ　「鳩尾」の話とも関係してきますね。エゴがあると鳩尾は固くなるんです。逆に無意識というか、自分を捨て去った状態だと、柔らかくなる。つまり優れた政治家のお腹が柔らかいというのは、私利

私欲から遠く離れた状態でもあると思います。

㊓　だから、誰とは言いませんが、某首相やその周りにいる方のお腹は、きっとカッチカチなんだろうな。

Ⓑ　ある文芸誌にいる知り合いの記者が、彼が最初に首相になったときに言っていたんですよ。「あのひとはお腹が弱いから、責任のかかるポストには向いていない」と。結局、第一次内閣のときはすぐに辞めてしまいましたね。実はその一度目の首相在任中、僕はEPA通信の支局長をやっていて、官邸を毎年取材しており、しょっちゅう身近に接していたんです。でも、とにかく人間的に気持ち悪いなと感じていました。というのは、まず報道陣と目を合わさない。そしてつねに上から目線で発言する。だから前章の話に戻ると、やっぱりケツの穴の問題なんだと思います。

それとは逆にカッコよかったのが小泉純一郎です。人間がよくできていて、目線を相手に合わせるのが上手でしたね。

㊓　そうなんですね。僕も小泉さんは政治家として素晴らしい身体をしていると思っています。だから、小泉さんのヌードが見てみたいんです（笑）。

Ⓑ　たしかに、実際どういう身体なのかは気になる。

㊓　小泉さんの姿勢は、これまで話してきた色んな姿勢のポイントをことごとくクリアしているんです。3Ｄ猫背だし、つま先がちゃんと閉じていて、体幹の筋肉を使って歩いている。だからきっと、中臀筋の発達した、ふんどしの似合うケツをしていると思います。

Ⓑ　そうでしょうね。まあ彼については色々と賛否はありますが、政治家としての度量はあったと思います。野党が攻めてきたときも、けっこうヘラヘラ笑っていたじゃないですか（笑）。撮影の対象としてはすごく楽しいひとでした。

㊓　「人生いろいろ、会社もいろいろ」と堂々と言ってしまうひとですからね。

Ⓑ　そうそう（笑）。それで、お腹の話とは少しずれるのですが、政治家や社長となると、やはり「顔」が大事だと思うのです。

㊓　単にハンサムかどうかということではなく。〝面構え〟ですね。

Ⓑ　そうです。たとえば石破茂さんは、たしかに一般的なハンサムではないですが、色気があります。女性を大事に守るオーラがあるというか。

㊓　だから女性からの支持があるんでしょうかね。

開高健に「男の顔は履歴書」という有名な言葉がありますが、まさにその通りだと思うんです。一方、「社長に聞きます」系のコンセプトのテレビ番組を見ていると、出てくる社長出てくる社長、みなヘンな顔をしていて……。残念というか、なんというか。

Ⓑ　そうでしょうね。戦後の日本の経済復興を支えた偉人たち、たとえばパナソニック創業者の松下幸之助さんや、ソニーの盛田昭夫さんのような顔が、いまは少ない。

㊓　そうですね。

Ⓑ　そこにも十分危険があると思うのですが、僕が一番恐ろしかったのは、二〇一一年の東日本大震

災の原発事故後の、東京電力の役員会に取材に行ったときのことでした。そこに、「自分の顔」を持ったひとが一人、二人しかいなかったのです。もちろん、彼ら役員たちが言っていることもおかしいということもありましたが、こんな「顔のない」ひとたちが原子力発電を管理してたのかと思うと、心からゾッとして。

㋓ あのときは民主党の菅直人政権でしたが、そう考えると菅さんはとてもよくやってくれていたと思うんです。彼や政権に対するネガティブキャンペーンが吹き荒れていましたが、いま考えると、現政権の惨状よりずっとよかったのではないかと。

## 女優さんのお腹いろいろ

㋓ 政治家のおじさんたちの脂ぎった話はこのあたりまでにして、少し色気のある話に移りましょう。いまどきの有名な女優さんたちは、若い頃にグラビアで水着になっていたりしますね。実は、若い頃の基本的な体型はその後もあまり変わらないんです。

Ⓑ 太ったり痩せたりなどはあるけれど、骨格や筋肉のバランスはあまり変わらない。

㋓ はい。第一線で活躍している女優さんたちを見ていると、若い頃から「viːa」がしっかりしてるんです。ウエストの位置も高くて、あばらのすぐ下にきている。彼女たちの多くはどうも田舎出身のひとが多いようで、子どもの頃から野山でずっと遊んでいるような環境にいたそうです。たとえば、綾瀬はるかさんだったり、長澤まさみさんだったり、川口春奈さんだったり。

🅑 なるほど。フランス語に「esprit（エスプリ）」という言葉があります。「vita」と意味が重なってくるのですが、才気や色香が「匂い立っている」ということを表しています。日本の「香り立つ」と似ていますが、そういう女性はあまり東京では見かけないですね。九州、特に福岡などに行くと、「あ、素敵だな」と思うひとをかなり見かけますが。

� 福岡出身の女優さんには素敵な方が多いですね。逆に原宿などで、スカウトされたくて歩き回っている人の中にはあまりよいバランスの方は少ないように感じます。

🅑 実際に芸能界にいる知り合いから聞くところによると、スカウトされてもすぐに辞めてしまうというケースがかなり多くなってきているようです。もしかするとそれは「からだの芯」がないからなのかもしれない。

㊍ 「vita」がないということですからね。バラエティ番組を見ていてひな壇に坐ってるアイドルを観察していると、脚が開いてるひとが多くなっているなと感じます。

🅑 それはやはり、脚を閉じておくための筋肉がないからでしょうね。

㊍ その通りです。腸腰筋や中臀筋、あとはふとももの内側の「内転筋」といった筋肉が衰えてしまっているんです。脚自体は細いのですが、坐っていると開いてしまって、だらしなく見えてしまう。

🅑 やはり子どもの頃、特に小学生くらいまでにつくった体型のベースというのは、大人になってからもそのまま残りますね。

㋓　そうですよね。「vita」がしっかりしている、つまり生命力がしっかりしているかどうかは、子どもの頃に決まる部分が大きいんだと思います。

## 腹筋女子の心理メカニズム

🅑　少し前に、若い女性が腹筋を鍛えるというのが流行ったでしょう。

㋓　いまも全然流行っていると思います。「腹筋女子」。インスタグラムなどでは画像をアップするのが人気ですね。

🅑　あれってどういう心理なんですかね？　インスタ映えなのかな？

㋓　それもあると思いますが、やっぱり根元的には男（特に日本の）がだらしないからこそだと思います。政治家や社長の話ではないですが、男が本当に愚かで頼りないものだと露呈してしまっていますよね。

🅑　まわりにちゃんとした良い男がいないから、男のエネルギーを求めて、自分が男っぽくなるという。

㋓　頼れる男がいないということなのかもしれません。だからこそ、女性たちは自分の力で生きていこう、自分が強くなろう、と深層意識で思っている。腹筋を鍛えるというのは、一種の「女性の男性化」でもある。もちろん、男女の役割の平等化やそれぞれの自立ということが大前提ですが。

Ⓑ 男性化を通り越して、ある種の「サイボーグ化」に近い気もしています。でも、腹筋があまり割れすぎている女性は、男からすると少し引いてしまうところがあります。

㊓ 僕の知り合いの奥さんに、某「コミット」系のパーソナルトレーニングにのめりこんだ女性がいるのですが、彼女の体験談として、やはり「シックスパックになってもモテることはない」と（笑）。

Ⓑ 自分に自信はつくかもしれませんが。

㊓ 自信がつくこと自体は大切ですよね。ただ、男性よりも女性のほうが、ハマったときにはストイックにのめりこんでいく傾向にあると思います。だからそのストイックさに周囲が引いて、友だちが少なくなって、孤独になっていく。結果として、シックスパックの女性たちだけで遊ぶようになる、ということもあるようです。

Ⓑ ウェイトトレーニングって、中毒性があるんです。

㊓ はじめると途中で止められない。重ねるうちに、そもそもの目的から外れていく。つまり最初は「きれいになりたい」という目標ではじめたのに、だんだんと「トレーニングで筋肉をつくること」が目的になっていきます。筋肉の使い道はどうでもよくなる。それで最終的には、筋肉もどうでもよくなって、ウェイトをやって得られる脳内麻薬を出すことだけが目的になっていってしまう。

Ⓑ 理想的な身体の美を追求するのは素晴らしいことだけれども、少し方向がまちがうと落とし穴が多いです。あとは、そういう間接的な害だけじゃなくて、あまりシックスパックにこだわると、腰痛の原因になりますね。

㋓　そうなんです。何度かお話していますが、腹筋をガチガチに緊張させてしまうと、内臓や体幹が圧迫されてしまうわけで、身体にいいはずはないんです。

## 腹筋、割れてますから

㋓　あとそもそもなのですが……、腹筋は最初から誰でも割れてるんですよ（笑）。

Ⓑ　たしかにね（笑）。

㋓　腹筋はもともとは長い一枚の筋肉なのですが、成長するにつれて「腱画《けんかく》」といって、途中が腱になっていきます。そうすることで大きな力を発生させられるようになる。だから成長の過程でどのようなスポーツをするかによって、六つといわず、八個、一〇個などに割れるんです。個数に違いはあれど、ほとんどの人間の腹筋はちゃんと割れてます。見えていないだけで。

Ⓑ　だから大丈夫だよ、と（笑）。

㋓　はい。だから「腹筋を割る」という概念自体が誤りだと思うんです。正確にいえば「もともと割れてる腹筋を、脂肪を削り落とすことで見えるようにする」。

Ⓑ　僕はテニスのロジャー・フェデラーのお腹が大好きなんですよ。全然シックスパックになっていなくて、ちょっとポヨンとしてるんです。

㋓　ジョコビッチなんかはけっこう腹筋が見えてますけどね。でもやはりヨーロッパだと、フェデラーみたいな腹のほうがモテるんでしょう。

Ⓑ シックスパックではモテない（笑）。

㊓ そういうことです。あのポヨンとしたお腹の奥にある、腸骨筋と大腰筋がスゴいんですね。錦織圭も意外とお腹出てますよ。サッカーだと、メッシもけっこうお腹ポッコリしてますね。

Ⓑ 女子テニスのセリーナ・ウィリアムズもお腹が出てるんですよ。でも決して太っているわけではなくて、腹圧がちゃんとかかっているから、ウエストまわりに厚みがある。

㊓ かく言う僕も、以前は「腹筋はちゃんと鍛えてたほうがいいんじゃないか」と思って、ウェイトなどもやっていたことがあるんです。でも結果わかったのは、腹筋を鍛えれば鍛えるほど、腰痛になるということ。

Ⓑ じゃあ腹筋をやめると、腰痛も消える？

㊓ そうなんです。その頃は不思議だなと思ってたんですけど、今考えると当たり前のことなんですね。

## 謎の叔父さん

Ⓑ 今思い出したのですが、一昔前のおじいちゃんが、お腹をふくらませて子どもを喜ばせてたりしていませんでした？

㋓　してましたね！　僕の親戚の叔父さんにもいましたよ。そんなに太ってないんだけど、お腹だけプクーッと風船みたいにふくらむんです。それとその叔父さんがやってたのは、前の章で出た「お尻のえくぼ」をたたいて、いい音をさせるという芸。

Ⓑ　じゃあその叔父さんはタダ者じゃないですね（笑）。中臀筋を使えていて、腹筋をリリースすることもできるんですから。

㋓　そうそう。だから親戚のなかでは「謎の叔父さん」として通ってました（笑）。紀尾井町のマンションに住んでたんですけど。

Ⓑ　なんでそんなところに住めるんだろう。

㋓　そうなんですよ（笑）。なぜか議員会館に自由に出入りできたりして、僕も連れられてよく行ったんです。で、知らない政治家のオジサンと握手させられたりして。全然興味ないのに。

Ⓑ　面白いね。

㋓　あとは宮内庁の職員住宅のなかに入れさせてもらって、従兄弟と二人でカブトムシ捕まえたり、なぜかプリンスホテルのプールのチケットを持っていて、夏休みに毎日泳いだり。とにかくメチャクチャ怪しいひとでした。

Ⓑ　本当にどういうコネクションなんだろう（笑）。でも、昔はそういうオジサンがたくさんいましたよね。職業不詳でものすごく怪しいけれど、なんだかすごいひと。僕の叔父もそういうひとで、彼は「禅マスター」と呼ばれていたんですよ。

㊓ 禅マスターですか。第1章で出たトライアスリートのマーク・アレンと同じだ（笑）。

🅑 たしかに（笑）。叔父は坊主頭で、いつも禅の「公案」みたいなワケのわからないことを言うんです。ただのものではないオーラがあって、子ども心に恐れるとともに憧れてましたね。だから、この二人の叔父さんが、僕たちが目指すべき理想像かもしれない。

㊓ そうですね……、なれるかな（笑）。僕の叔父さんは結局、六〇歳を過ぎてガンを患って、どんどん内臓をとっていったんです。でも内臓が全然ないのに、結局九〇歳近くまで生きたんですよ。

🅑 いやあ、かっこいいなあ。内臓はないけど、ちゃんと筋肉が使えていたから、活力があったんでしょうね。実は、僕にはもう一人、ちょっとぶッ飛んだ叔父さんがいたんです。彼は**一〇四歳まで高速道路で車を運転**していたんですよ。

㊓ 一〇四歳⁉ 大丈夫だったんですか？

🅑 全然大丈夫（笑）。まあ高齢者の自動車事故が問題になっている昨今ですから、あまり大きな声では言えませんが。

その叔父さんは畑仕事が大好きで、朝鮮人参を趣味で栽培していたんです。身体を動かして働くのが好きだったんですね。冗談も好きでね。一〇四歳なのに色気があって、よく若い女性を冗談でナンパしていたんですよ。相手の年齢に合わせて気持が若返るって。それで一〇四歳とわかると、相手の女性が驚いて。

㊓ かっこいいですね。どんな身体だったんですか。

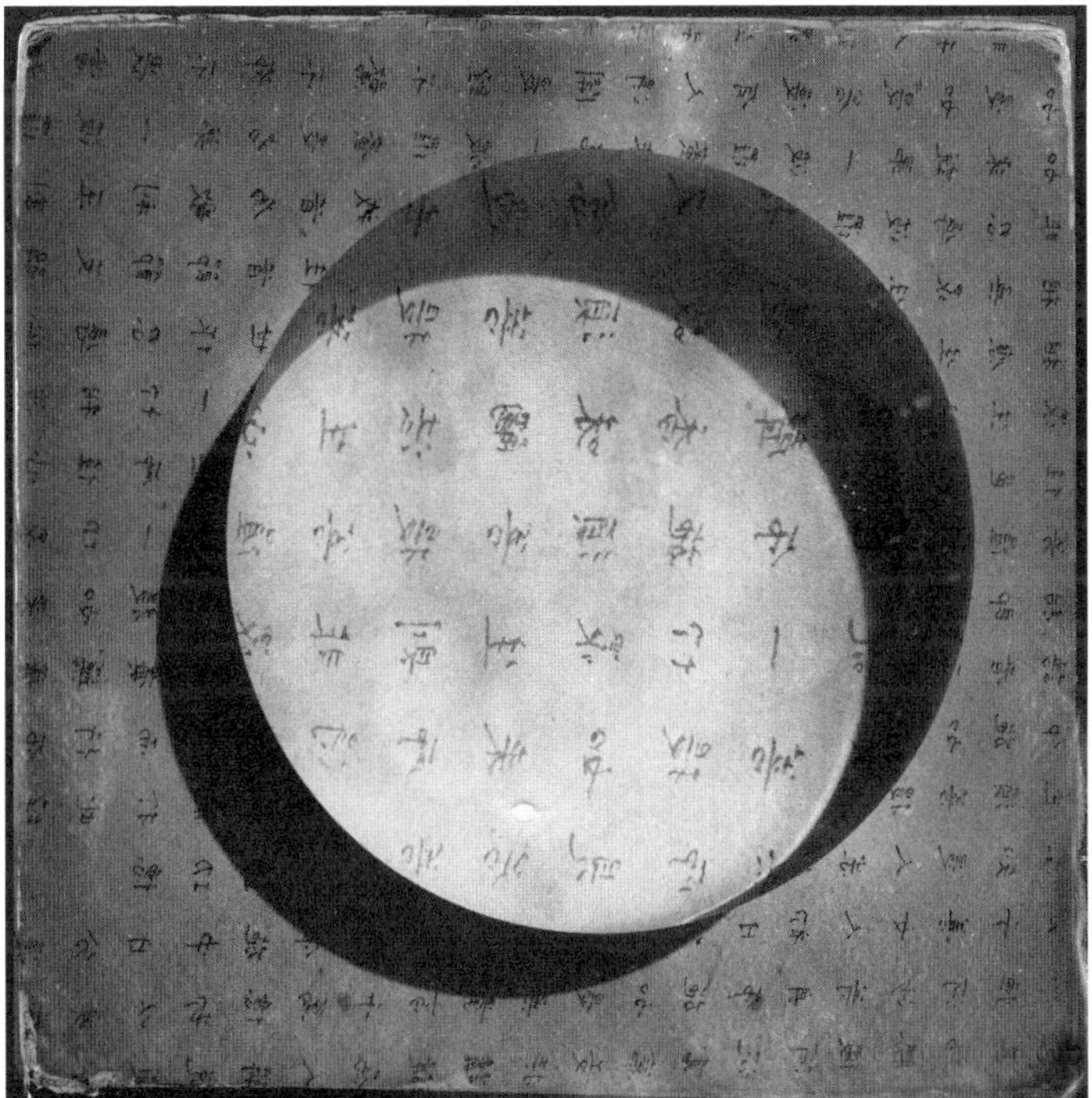

道教の世界では丹田に「真珠」があるイメージで瞑想をするとエネルギーが整うといわれる

Ⓑ　痩せているんですが、やはりお腹はいい出方をしているんです。
㊓　やはりそういう体型なんだな。「活力のひと」という身体なんですね。

## 東洋医学の体型いろいろ

Ⓑ　体型のことでいうと、東洋医学の分類が面白いんです。東洋医学では臓器の種類で分類するんですね。肝臓型や脾臓型、腎臓型、心臓型、肺臓型など。たとば肺臓型のひとの特徴は、割と背が高くて細いんです。で、なんの職業が一番向いているかというと、弁護士や学者なんですね。
㊓　それは、面白いなあ。ものごとを冷静に見るということなんですかね。
Ⓑ　そうです。また心臓型のひとはね、会社の社長に多いといわれているんです。心が温かくて包容力があって。血圧はちょっと高めなんです。肝臓型のひとはスマートで筋肉があって、視覚が鋭い。スポーツ選手に多いといわれます。
㊓　なるほど。
Ⓑ　腎臓型のひとはね、割とエロティックな部分が強いんですよ。マリリン・モンローなんか典型的な腎臓型ですし。あと脾臓型はちょっと特殊なんですが、東洋医学の五臓の「脾」は、現代医学でいう脾臓とちがって、消化吸収を担ってるんです。だから胃に近い。で、脾臓型のひとに多い職業はというと、職人さんなんです。

㋓　ほう、職人ですか。

Ⓑ　面白いのは、肝臓型の職人さんと、脾臓型の職人さんに、既成のなにかと同じものをつくってくれと頼むと。するとね、肝臓型のひとはだいたい同じだけど、微妙にズレたものをつくるんです。でも脾臓型のひとは、きっちり同じものをつくってくる。

㋓　わかる気がしますね。いい職人さんって、食べるのが好きなひとが多いイメージがある。胃腸が強いから、食べものを効率よく消化吸収できる。その結果として、血糖値がつねに安定しているので、集中力が高くて精密な仕事ができるということなのかもしれない。

あと腎臓型だと、さっきマリリン・モンローの例が出ましたけど、女優さんとかに多い気がします。

Ⓑ　そうですね。色気というか、ある種のエロティックな部分が必要な職業ですからね。

㋓　女優さんって、「女を演じる」わけじゃないですか。だからこそ、自分の目は「男の目」だったりするんです。

Ⓑ　はい。僕の友だちにも何人か女優さんがいらっしゃいますが、「男性的な価値観」を理解しているひとが多いです。

㋓　外見はとてもきれいな女性なのですが、目線が男なんですね。だからこそ、いろいろな素敵な女性を演じられる。

## 「毎日サーキットトレーニングをする」の怪

㋓ ウェイトトレーニングに話を戻すと、今日本で流行しているトレーニングには、「サーキットトレーニング」と呼ばれるものが多いです。僕も以前スポーツジムで働いていたので知っているのですが、これはだいたい三〇〜四〇年前にアメリカで流行したものなんです。

🅑 さまざまな種目のトレーニングを短時間に連続して行うというものですね。これは、もともとは軍隊のトレーニングとして開発されたものです。つまり、素人同然の兵士を、短期間で戦場で動けるように鍛えるという目的があった。

㋓ ただ、あくまで短期間で即効的に行うものであって、毎日ずっと続けてやるものじゃないんですよ。だんだん効果が落ちていくので。しかも心拍数がずっと高い状態だから、有酸素運動にはなりません。だから活性酸素や、ストレスが身体に蓄積していってしまう。

🅑 少し思うところがあるのですが、こうしたトレーニングは、要は「重たいものを重たく持つ練習」じゃないですか。

㋓ はい。

🅑 でも本来は、「**重たいものを軽く持つ練習**」のほうが理にかなっているわけですよね、生きていく上では。

㋓ なるほど、たしかにそうですね。末梢の小さい筋肉ばかりを使うんじゃなくて、体幹の筋肉を使えるようになった方がよい。

Ⓑ　だから古武術や農作業といった、今までお話ししてきたような日本古来の身体の使い方とは対極にあるものですよね。

㊓　たとえば引越し屋さんだと、「重たいものを軽く持つ練習」をするわけですね。逆に「重たく持つ練習」なんてするわけがない。

Ⓑ　そんなことをしていたら無駄でしかない（笑）。本来の日本の身体感覚というのは、身体を上手に使って、生きることを楽にするのが目的なのに、今は逆に辛くする方向に行っています。

㊓　まったく、その通りだと思います。

## 腹筋神話は部活動起源の物語だ

㊓　日本には部活動がありますね。僕にはあれがよくわからないシステムなんです。たぶんもともとは戦後、日本が貧しかった頃に、子どもに運動をさせるために学校が場所と指導者を提供したというのがはじまりじゃないかと思います。しかし、ヨーロッパを見ると、そこではちゃんと学校とは別に、スポーツクラブというものが確立しているので、学校がタダでスポーツを教えるというシステムはないんですね。

Ⓑ　日本の部活動だと、普通の教員が顧問をするわけです。だから下手をすると、まったくその競技

の経験のない先生が、子どもたちを指導したりする。そうすると、彼らがセッティングできることといったら「腹筋と腕立て伏せ」ぐらいしかないんです。

㊇ あとは走り込みさせるか。そういう部活動の文化が定着してしまったがために、「腹筋が割れてる＝運動能力が高くてかっこいい」という固定観念ができてしまったんじゃないかな。

Ⓑ ただ、最近は少し変わってきてもいると思うのです。特に大学の箱根駅伝を見ても、驚異的な躍進を遂げている青山学院大学では、先進的な「動き」のトレーニングを取り入れていますよね。

㊇ そうですね。青学では腹筋よりも体幹全体の強化を重視しているようですね。おそらく、だんだん日本人も〝腹筋の呪縛〟から解放されつつあると思います。ただ僕らの世代は、やはり「腹筋さえしておけばなんとかなる」という運動文化でしたから。

Ⓑ なんとかなる（笑）。じゃあ**明治維新以来のこの一五〇年は、〝腹筋の呪縛〟によって内臓を圧迫し続けてきた一五〇年**だったわけですね。

㊇ そうです（笑）。迷言としては他に、腹筋が強くないと、内臓が下に落ちてきて「胃下垂」になるとか。いま考えると、適当なこと言っているな、と思いますが。

Ⓑ やはり軍事教練が学校体育のもとになっているからなんでしょうね。「効果があるかどうかは二の次で、とにかくキツいことをさせる」ことが主眼になっている。

㊇ 炎天下でも水飲まないで運動するとかね。

Ⓑ 要は精神論なんですね。

㋓　根本が軍事教練だから、「**ついてこられないものは切り捨てていく文化**」だったんですね。ただただ無意味にキツいトレーニングをして、それについてこれない奴はいらない、という。それでスポーツが途中で嫌いになってしまう子がたくさんいる。それとは反対に、僕が大学時代に授業で聞いたドイツやイタリアのスポーツクラブの話だと、みんながスポーツを好きになったまま育っていけるんです。

Ⓑ　勝利至上主義ではない。

㋓　そういうことです。「俺はあまり運動神経がないから競技の成績はあんまりだったけど、今も好きで続けてるんだ。でも一緒にやってたアイツは世界チャンピオンになったんだ」みたいなね。そういういろんな価値観が当たり前に共存してるんです。本来はその方が健全だと思います。

## 超瞑想的会議聴講法

Ⓑ　ところで、腹筋をリリースするための一番有効な方法というと、やっぱり腹式呼吸をすることでしょう。

㋓　そうですね。僕もロードバイクを教えるときに、腹式呼吸を早く習得してもらうために、鼻だけで呼吸しながら、ゆっくり走るというエクササイズを紹介しています。鼻呼吸のほうが圧倒的に腹式になりやすい。そうすると自然と腹筋がリリースされます。

ポイントは板状筋で頭を支えていることと、腹筋から力が抜けていること。これでどんな発想も思いのまま！　……のはず

Ⓑ　ただ、ロードバイクは誰でもがすぐ乗れるというものじゃないですよね。

㋓　そうですね……一つ、いま思いつきました。ロードバイクのフォームに似せて、肘を机の上について寄りかかるんです。前腕は机の上に伸ばして。その体勢のまま広背筋をのばしながら、肩甲骨を前に引き出して、首も板状筋を使って処理する。そうすると、ロードバイクのフォームにけっこう近くなると思います。

Ⓑ　これはいいですね！　たしかに背中の緊張も抜けて、腹筋もリラックスする。胸は開かずに、お腹だけが開く感覚がよくわかりますよ。会社の会議中とかにやるとよいかも（笑）。

㋓　会議中（笑）。だんだん呼吸が深くなって、瞑想状態に入ってくるかもしれません。

Ⓑ　そうでしょうね。会議の内容は全然聞いてないけど、すごいアイディアが出てきたり（笑）。

㋓　あのひと会議ごとに生き生きしてくるよね、という（笑）。真剣な顔してずっと一点を見つめてれば、まわりは聞いてると思うでしょうし。

Ⓑ　いや、聞いてはいないけれど、瞑想状態だから無意識に脳に情報が入っているということは十分

あり得ますよ。

㋓　そうですね。ちょっとベルトゆるめて、ちゃんと腹圧をかけて、腹式呼吸の練習をする。お腹は机にかくれて見えないから、なにをやってるかはバレないでしょう。学生もできますよね、授業中に。

Ⓑ　じゃあ、次の収録はこの体勢でやりますか。

㋓　二人とも瞑想に入って、どちらもしゃべんなくなってしまうんじゃないかな（笑）。

# 第6章

# 口

## ——なぜ仙人は〝霞《かすみ》を食う〟のか

現代人は消化不良の生き方をしている。
——エバレット・ブラウン

### エンゾ、死にかける

🅑　まずは対談の前に、重大なニュースを一つ。実はこの収録の一月ほど前に、エンゾさんが死にかけるということがありました……。かなり危ない状態だったとうかがいましたが？

㋓　そうなんです。病名でいうと、「急性胸部大動脈解離」。

🅑　大動脈解離……相当クリティカルな病気ですよね。

㋓　そうですね。致死率七〇パーセントから八〇パーセントと言われているようです。これは大動脈の壁が裂けるという病気なんですが、血管の壁って三層になっていて、破れた一層目から流れ込んだ血流が二層目を破壊しながら進んでいって一層目とラップほどの薄さの三層目の間に血栓ができてしまうという病気なんですが、この三層目が破れてしまうと大量出血でほぼ即死なんだそうです。

でも僕の場合、三層目が破れることなく、しかも腎動脈の寸前で解離が止まってくれたので、一命をとりとめただけでなく、大きな障害も回避できました。カテーテル手術をして、今はステントグラフト（直径四センチ、長さ二〇センチ以上の）という補強スリーブが入っている状態です。

Ⓑ 前兆がないんですよね、大動脈解離には。

㊓ そうです、いきなり来るんですよ。ここ二年ばかり、悩ましいことがいろいろあって、結果的に血圧の高い状態を放置していたのですが、だからといってすべての人の動脈が解離するわけじゃない。執刀医によると、元々血管の内壁が破れやすい人がいる、ということでした。一般的に大きな原因となるのはやっぱりタバコということなのですが、僕は吸ったことがありません。ところが血管の二層目は弾性線維という組織でできていて、喫煙によって破壊されてしまうと元には戻らないそうなんです。だとすると、〇歳から二〇歳までの父親からの受動喫煙の影響によってとっくに僕の血管には時限爆弾が仕込まれていて、それがこの年になって爆発したということなんでしょう。

Ⓑ そうなんですね。

㊓ 逆に学生時代から三〇年、欠かさず有酸素運動をしてきたおかげで肺と心臓には問題がなく、動脈硬化もなく血管の内壁がつるんつるんだったので、手術がとてもスムーズにいったと褒められました。あんまり早く先生が出てきたんで、待っていた妻がドキッとしたって言ってました。手術不能だったんじゃないかって（笑）。だから血圧さえコントロールできていれば三〇年は大丈夫と主治医に太鼓判を押してもらいました。でも、いきなり胸に異変を感じたときは、覚悟しましたね。

Ⓑ 死を。

㊄ そう、死をね。ブラウンさんのことも、もちろん考えましたよ。ここで俺が死んだら対談が途中になっちゃうな、そしたら未完のまま半分俺の遺作として出版されるのかな、もしかしたらそっちのほうが売れるのかもしれないな、だったらまあいっか、とか。

Ⓑ なに考えてるんですか（笑）。

㊄ まあ半分は冗談ですが（笑）。でもこうして幸いにも生き延びられたので、これからは「与えられた人生」だと思って生きていこうと思ってるんです。で、誰に与えられたかというと、神さまではなくて、まわりの人びとだと思ったんです。

Ⓑ 覚ったんですね。

㊄ もちろん、これまでにも本で書いてきたように、僕は自然の摂理としての神さまを信じてきたし、これからも信じ続けますが、今回ばかりは思ったのです。「私は神に救われたのではない。人に救われたのだ」と。僕が異変を訴えてからの妻の判断、近所のかかりつけ医の判断、そして救急外来の医師たちの判断、そして心臓血管外科の専門医の登場……どこかでひとつでも間違っていたら、僕はここに戻ってくることはできなかったと思うんです。

Ⓑ そうですよね。

㊄ 入院してからも、死への恐怖に怯えている僕のために、医師、看護師のみならず、理学療法士の方や車椅子を押してくれるヘルパーさんたちも本当によくしてくれた。だから、病院には色んな仕事をするひとがいるけど、医療に携わる人たちってみんな本当にすごいなって。いい勉強になりました。

と同時に、今回僕を助けてくれたのは、神じゃなくて、そういう人々だったんだって強く思ったわけです。

Ⓑ 人間の「魂」は往々にしてこういったプロフェッショナルたちによって救済されているってことですね。

㊥ もちろん、この本もそうですよ。ブラウンさんとの対談が残っていなかったら、僕、あんまり心残りってなかったですから（笑）。この対談本にもいろんなひとが関わっているわけです。ブラウンさんをはじめ、編集者やデザイナー、イラストレーターの方、そしてまだ見ぬ読者の方々。みなさんのためにも助かってよかったと思っています。

## ミミズ食のススメ、ふたたび

Ⓑ この章は「口」がテーマということで、エンゾさんの今回の病気に関連して、ぜひともミミズを食べることをお勧めしたいんです。

㊥ ミミズか（笑）。第1章でもそんな話をしましたね。あのときはまだ健康だったからアレですけど、いま改めて言われると、ちょっと興味はあります。

Ⓑ 前にも言ったように、ミミズが持っている酵素は抜群です。血液の流れをよくしますし、血管の中のプラーク（動脈硬化の病変）を溶かす力もありますから。

㋓　ふうん。

🅑　あとはヒルもいいんです。ヒルは粉末で売っているんですが、ミミズに近い効果があって。しかもミミズより手に入りやすい。ただ、味が壮絶にマズい（笑）。

㋓　そうなんですね。そういえば、渓流魚ってけっこうヒルを食べるんですよ。フライフィッシングの世界でも、ヒルに似せた「リーチパターン」というフライがあるんです。

🅑　まあ血液の塊ですからね。栄養は豊富でしょう。ただ、ヒルもマズいんだけど、ミミズも負けず劣らずマズいんですよ。だから口に入れると、すぐ飲みこもうとしちゃうんです。でもあるとき、それはいけないなと気づいて。

㋓　マズいのはどっちも同じですか（笑）。たしかに、漢方はすぐ飲みこんではいけないと聞きますよね。

🅑　そう。**すぐ飲みこまずに、まずは口の中にまわして、それからのどのセンサーにちゃんと当たるように、少しずつ飲みこむと、効果がぐっと上がる**んです。たとえば最も一般的な漢方薬の「葛根湯」を飲むときに試してみてください。かなり効き目が違うと思います。関西の名門の漢方屋のひとに訊いてみたら、「そのとおりだ」とお墨つきをもらいましたから。

㋓　実は僕も、「越婢加朮湯《えっぴかじゅつとう》」という漢方を処方してもらうことがあります。腎機能を高めたり尿の出をよくする薬です。僕はもともと痛風持ちで、それで処方してもらっていたのですが、お医者さんに言われたのが、「口のなかで五分くらい、しっかり唾液で溶かしてから飲みこみなさい」と。

Ⓑ　しかも一度に飲みこむのではなく、三回くらいに分けてちゃんとのどに当てながら飲むと、さらに効果が上がりますよ。

㋓　まさに「良薬口に苦し」。良薬にするための方法があるということですね。そのお医者さんが言ってましたが、唾液が出ることで、脳にスイッチが入るそうです。唾液から舌を通じて、口に入ってきたものの情報を脳が分析している。

Ⓑ　そうだと思います。しかも口のなかというのは、食道のなかで一番脳に近い部分でから、そこで情報をしっかり吸収させてあげるのが非常に大事なんです。

㋓　唾液にはたくさんの酵素が含まれていますからね。それらで食べものを分解しながら、舌から脳に情報を送っている。

## 〝自然な〟食べもの、〝不自然な〟食べもの

Ⓑ　化学調味料を含んだ食べものでも、ある程度は唾液で化学物質を分解することができるんです。唾液には細胞を傷つける活性酸素を抑える働きがありますから。ただ、僕の経験なのですが、そうした食品は食べれば食べるほど味が早くなくなっていくんです。味がしないから、早く飲みこもうとする。そうすると唾液での分解が中途半端になるんですね。

㋓　味がしなくなるというのは、脳が化学調味料の情報を嫌がるということなのかな。

Ⓑ　そうかもしれない。でも反対に、化学調味料を使っていない食品は、食べれば食べるほど味が出てくるんですよ。より味わおうとするんですね。

㊡　そういう〝不自然な〟化学物質って、「中間代謝物」というのですが、本来の〝自然な〟食べものにはそういう形で大量に含まれていることはないんです。

Ⓑ　うまみ調味料だったり、人工甘味料だったり。

㊡　そう。これも先のお医者さんから聞いたのですが、うまみ調味料を含んだ食品が舌の上に乗せられたとき、「うまいものがきた！」という指令が脳に送られると。それで、「うまいもの」というのは本来、「栄養があって身体にいいもの」のはずだから、脳もそういうスタンスで準備するわけですね。

Ⓑ　味覚のフェイクニュースですね（笑）。

㊡　脳は、消化をつかさどる胃や小腸に「いまからおいしくて栄養のあるものが行きます、よろしくお願いします」と連絡します。それを受け取った胃腸のほうも「了解！」と答えるわけですが、いつまで経っても脳に栄養が送られてこない。そりゃそうですよね、うまみ調味料は、栄養のあるものに多く含まれる「味」の部分を人工的に作り出したものであって、栄養的にはいわば「抜け殻」のようなものです。それで脳は腸に訊きます。「あのおいしい食べものはどうなりました？」。でも腸は「いや、そんなの来てませんけど」と答える。

Ⓑ　脳と内臓に齟齬が生じるわけですね。

㊡　そうです。それで脳は「いやいや、ちゃんと舌で確認しましたから。食べましたからっ！」と言

うわけですが、また腸のほうは「いや、だから来てないって！」と言い返してケンカになるんだと。そのケンカが脳と小腸の両方にストレスをかけて、たとえば脳腫瘍の原因になったり、腸の病気を引き起こしたりする、ということなんです。もちろんこれは現時点で科学的に証明されているわけではないので、「そういう可能性がある」という段階なんですが、そういうことに気がついているお医者さんがけっこういる。

Ⓑ 腑に落ちますね。ゼロカロリー飲料なども同じ構造になっているのかなと思います。第4章で話した飲尿療法の話もそうですが、脳と、第二の脳といわれる小腸のあいだの情報のやりとりは確実にあります。それをつかさどっているのが迷走神経《めいそうしんけい》ですね。

㊓ 脳神経のなかで唯一、腹部までのびている神経ですよね。さまざまな臓器に関係している。

Ⓑ そうです。迷走神経はあごのすぐ後ろのところを通っているので、よく嚙んであごを動かすことで刺激されます。ちょうど唾液腺も近いところにあるので、唾液が分泌されることでさらに刺激される。そうすると、脳と小腸のとてもいいコミュニケーションができるんですね。

㊓ 漢方をゆっくり飲んだほうがいいというのも同じ話ですよね。

Ⓑ はい。ただ、これも科学的に証明されていないので断言はできないのですが、僕を含め、経験則としてそういうことをやっているひとはとても多いと思います。

## アウシュヴィッツで生死を分けたもの

Ⓑ　そもそも、僕たちは普段、食べ過ぎなんですよ。

㊟　いや、耳が痛いです（笑）。僕もストレスがあると食べ過ぎ、飲み過ぎになってしまって、それが今回の病気の一因に確実になっているから。

Ⓑ　**食べ過ぎると内臓に余計な負担をかけることになる**わけですよね。ただ僕らは、どのくらい食べたら身体が快適に感じるのかということが、もはやわからなくなってしまっている。

㊟　そうですね……。

Ⓑ　僕は昔、よく半断食をやっていたんです。一日二回、玄米ごはん一杯を食べるのですが、一口につき二〇〇～四〇〇回くらい嚙むんです。そうすると、一日に二杯で全然足りるんです。胃腸から脳に「もうこれで十分ですよ」というメッセージが来るんです。

㊟　ええ。

Ⓑ　でも普段は、その二倍三倍、宴会のときにいたっては五倍くらい食べてしまう。

㊟　そうですね。だから言い換えると、「**たくさん食べてしまうひと**」**というのは、**「**早く食べてしまうひと**」**のこと**かもしれない。

Ⓑ　そういう傾向はあるでしょうね。だから前の「腹」の章で登場したラグビーチームのキャプテンは、とにかくたくさんの肉を早く食べるのですが、つまりは燃費が悪いということになります。ス

ポーツ選手だから仕方のないことなのですが、確実に身体に負担をかけている。
これに関連して面白く、また示唆に富む話があるんです。僕の友人のお父さんは、第二次大戦中、ドイツのアウシュヴィッツ収容所に入れられていたんです。

㊓ ほう。

🅑 アウシュヴィッツでの食事というのは酷いもので、一日にパン一切れとスープ一杯だけなんです。もちろんみんなお腹を空かせているから、すぐに食べてしまうんですね。だけど、そのお父さんはふと、あることに気がついた。早く食べるひとほど早く痩せ細って、死んでいく、ということに。

㊓ ああ、なるほど。

🅑 そのことに気づいてから、お父さんは逆に「ゆっくり噛んで食べよう」と決めたんです。一口に四〇〇回ずつ噛んで、パンが口のなかで溶けてなくなるまで。スープも噛んだんです。

㊓ 水分も。

🅑 はい。そうして、友人のお父さんは生き延びた。どうしてゆっくり食べたひとが生き延びられたかというと、いろいろなことが考えられると思うのですが、一つは唾液の役割でしょうね。唾液で極限まで食べものを分解していたから、胃腸の負担が少なかった。

㊓ そのおかげで体力を温存できたと。

🅑 そうです。裏を返せば、僕らは普段、唾液での消化をおろそかにして、胃腸に負担をかけ過ぎている。そうすると疲れやすくなるんです。

Ⓔ　あごを使わず、唾液も使わず、胃に直接食べものを放りこみ過ぎなんですよね。なおかつたくさん食べてしまうから、さらに胃腸が疲れる。

## 日本の早食い文化

Ⓑ　ただね、日本はどちらかというと、「早食い文化」の国でしょう。
Ⓔ　そうですね。早く食べることが美徳とされている。
Ⓑ　特にビジネスマンは、食事は一瞬で済ませて、颯爽と仕事に戻るのが理想とされているじゃないですか。
Ⓔ　ええ。特に昼食は、ゆっくり時間を使って食べるという文化じゃないですね。
Ⓑ　日本のサラリーマンは、本当に昼食が短いですよ。
Ⓔ　「立ち食いそば」に代表されるようにね。
Ⓑ　そうです。それで、やはり先に食べ終わったひとのほうが、ちょっと偉いという感じがあるでしょう。
Ⓔ　子どものときから、食べるのが遅いひとって馬鹿にされる傾向があります。小学校の給食からして、そうなんですよ。
Ⓑ　なるほど。

Ⓔ　みんなさっさと食べて、運動場に遊びに行くっていうのが普通ですからね。最後まで教室に残って食べている子は、馬鹿にされたりいじめられたりしてました。「食べるのが早いね」はほめ言葉ですけど、「食べるのゆっくりだね」は説教ですから。

Ⓑ　早く食べられる子のほうが偉いという（笑）。

Ⓔ　そういう刷りこみですよね。ただ、食べものをいかに効率よく吸収できるかっていう面で見ると、ゆっくり食べてた子のほうが正しいのかもしれない。

## 仙人になりたい

Ⓔ　唐突になりますが、僕とブラウンさんに共通している将来の目標って、たぶん「仙人になる」ということだと思うんですよ。

Ⓑ　まさに！（笑）。

Ⓔ　仙人ってどういうひとかというと、少ない食べものからきちんとエネルギーを得て行動できるひと、ということだと思うんです。

Ⓑ　だからこそ、「仙人は霞を食って生きている」という言葉があるわけで。

Ⓔ　そうそう。仙人って痩せていて、筋肉も少ないじゃないですか。太って筋肉ムキムキの仙人なんていない（笑）。だから、ドカ食い早食いをしているうちは、とうてい仙人にはなれません。

Ⓑ　少ない食べもので行動できるということはつまり、前の章でも話に出ましたが、基礎代謝が低いということですよね。

㋓　そういうことです。だから一般的なスポーツ選手とは真逆なんですよ。スポーツ選手というのはたいてい、筋肉が多くて、基礎代謝も高いひとたちですから。だから彼らはドカ食い早食いなわけです。でも、それはさきほど言ったように、身体に負担をかけていることになる。

Ⓑ　大量の食事をとって、大量のエネルギーを使うという。でも、そのためには食事をエネルギーに変換しなければいけないわけだから、内燃機関、つまり内臓にとってはストレスになっているということ。

㋓　だから案外、健康なまま天寿をまっとうできるアスリートは少ないんですよね。意外な病気に突然なってしまったりする。

Ⓑ　僕が以前に立ち上げた千葉のブラウンズフィールドというエコヴィレッジに、とある有名な元女子スケート選手が、現役時代によく来ていました。そこでマクロビオティック（雑穀発酵菜食）の食事を勉強して、オフシーズンにはそうした食事をしていたんです。けれどシーズンがはじまったら、肉などを少しずつ食べはじめて、身体をつくっていく。プロスポーツ選手はそういう食事の切り替えをしているんです。

㋓　なるほど。

Ⓑ　あとは、昔僕が行っていたタイの断食道場に、イギリスのプロのラグビー選手がオフシーズンに

なるとやって来ていました。そこで一週間くらい断食して、シーズン中に身体に溜まった毒素を出すんですね。身体のオーバーホールですよ。そしてまた食べはじめるときは、菜食の食事から摂っていく。いい酵素とか微生物をたくさん摂るんです。それからシーズン直前になると、少しずつ肉とかを食べはじめるんですね。

㊁ アスリートとして成功しつつ、健康も維持したいと思うと、そういうこともやらなければいけないんですね。

Ⓑ 芸能界でもそうですよ。たとえば有名なところで言うと、マドンナは、ツアー中の食事とオフの食事がまったく違いますね。

## 人間の身体の限界

㊁ 山伏修行をしているときの食事はどうなんですか?

Ⓑ 出羽三山の修行の場合、ごはんと味噌汁とたくあんが出るのですが、ここまで話してきたことと矛盾するようですけど、噛まないんですよ。

㊁ 噛まない?

Ⓑ 修行中はエネルギーを摂るだけで、味は楽しまない。だから噛まないんです。コツがあって、まずごはんを口に入れて、味噌汁で流しこむんです。それからたくあんでお椀を拭いて、そのたくあん

も飲みこむ。

㊓　へえ。それは時間がないからなのかな。

Ⓑ　それより、噛んでしまうと、食欲が出てしまうんです。そこでさっき言ったように、一口四〇〇回も噛めば脳と胃腸が満足するのですが、噛まずに味わわないと、そのうち身体のあらゆる欲が減っていくんですね。だから飲むという部分があって。

㊓　なるほど。じゃあ、ちょっと胃がもたれる感じなんだ。

Ⓑ　見方を変えれば、**少ない食事で満腹感を得る方法**（笑）。量も多いわけではないので、さほど苦しくはないですよ。

㊓　前の章で話に出ましたが、千日回峰行中の塩沼さんの食事についてはいかがですか？

Ⓑ　量は少ないです。基本的におにぎりと味噌汁だけだと聞きました。だから修行中にどんどん痩せていくんですよね。修行の中盤にはたった一〇日間で一〇キロ痩せて、四日連続で血尿が出続けるという状態になったそうです。でも病院に行く時間もない。

㊓　それはまたえぐい話ですね。腎臓が壊れかけていたのでしょうか。もしかしたら命を落とすかもしれない。

Ⓑ　でも、そこで不思議なことが起こったそうです。五日目になったら、ぱたっと血尿が止まったんです。普通の尿になったんですよ。そして身体が急に楽になったというんですね。

㊓　身体のなかで、よくはわからないけど、なんらかの反応がおきたということですよね。最近テレ

ビでよく番組になっていますが、三〇〇キロ、四〇〇キロの超長距離を走るウルトラマラソンが盛んですよね。ああいう競技も、そうした一見非科学的な反応を自分の身体に起こすのが目的という部分もあるんでしょうね。

🅑 そうでしょうね。身体というのは本当に不思議な小宇宙ですよね。そしてときどき、意識が肉体を超えることがある。以前、一一一歳のおじいさんに長生きのコツはなにか、と尋ねたら、「**まずは死を上手に避けただけなんです**」と答えられました。超持久のスポーツをやるひとたちも、そういう境地を目指しているように思います。

㊎ 健康の範囲内でのスポーツももちろん素晴らしいけど、あえて身体にダメージを与えることで肉体の限界を超えて、新しい世界を見るという。

🅑 一種の悟りですよね。そもそも人間の脳は怠け者ですから、なにかにつけて「やりたくない、面倒くさい」と思いがちなんです。だからあえて難しい課題を与えることで、脳のリミッターを外す。その修行的な快楽にハマるということはあるでしょうね。

## 「悟り」とはなにか

㊎ いまの塩沼さんの話だと、血尿を出したということは、脳が身体に「もうこれ以上はやめてくれ。あんた死んじゃうよ」と言っているということ。でもそこを踏ん張って乗り越えたからこそ、脳が降

参したというか、「わかったよ。こんだけ言ってもやめないんだったら、俺もあんたに協力するよ」と方向転換したのでしょうね、感覚的にいえば。

Ⓑ　その状態が悟りと呼ばれるものでもあるんでしょう。脳が出すSOSに簡単に屈しないことで、その状態に入っていく。

㊔　なるほど。もちろん塩沼さんとは比べものになりませんが、僕もかつて、箱根旧道を自転車で一日四回登るというレースをしたことがありました。もう亡くなってしまった元全日本ロードレースチャンピオンの森幸春さんと、オートバイの元GPライダーの清水雅広さんと一緒に走ったんです。

Ⓑ　四回⁉　総距離はどれくらいになるんですか？

㊔　だいたい三〇〇キロですね。夜明け直後に出て、日が暮れてから帰ってくる。それで、旧道の激坂を四回登るわけじゃないですか。どこがキツいかというと、二回目が一番しんどいんです。でも、一番疲れているはずの四回目は、全然しんどくない。むしろ楽しいんですよ。そこから山を下って、茅ヶ崎まで帰ってきてるときが、もう完全にイっちゃっていて（笑）。だって、ずっと時速四〇キロでぶッ飛ばしてるのに、心拍数が一四〇くらいまでしか上がらないんです。だから一〇時間以上走ったあとなのに、全然苦しくない。そんなこと、それまで一度も経験したことがなかったです。

Ⓑ　脳内麻薬がバンバン出ているし、一〇時間走ったあとだから、身体のなかに予想もつかない反応が起こっていたのでしょうね。

僕は以前、田んぼで明け方から夜中までずっと草刈りをしたことがあるんです。もちろん身体は疲れるのですが、トランス状態に入ってくるので止められなかった（笑）。そして夜寝たら、とても不思議な夢を見ました。幽体離脱して、明治時代の村の空を飛んでいるという。

㊓ まるで宮沢賢治の世界ですね。

Ⓑ 朝起きたら、身体中が筋肉痛でしんどかったんですけどね（笑）。

㊓ そういうのを、自転車の世界では「セカンドウィンド」といったりするんです。でも、それをもう一度やれと言われても無理なんです。まず一〇時間走らなきゃいけないわけだし。でも、あのときの感覚というのはいまも鮮明に覚えていますし、ちょっと「悟り」に近いのかな、と。

Ⓑ 気持ちいいんですよね、すごく。

㊓ そう、気持ちいいんですよ。でも、けっこうギリギリだったとは思いますね。糸がプッッと切れてしまったら、そのまま倒れていたかもしれない。一緒に走った二人もそうだったんです。だから帰ってきてからも、ずーっと話してる（笑）。テンションが収まらない。

## 不食

Ⓑ 僕の知り合いに榎木孝明さんという俳優がおります。彼は少し前に、「不食」というのをやったんですよ。

㊓ テレビでも取り上げられていましたよね。一か月間、食事をせずに生活するという。

Ⓑ　そう、口に入れるのはアメと飲みものだけ。僕はたまたま、彼が不食をはじめる頃と、終える頃の二回会ったんです。そうしたら、その変わりように驚きました。不食をやったあとの彼は、もう「仙人」だったんです。目が澄み切っていて、身体が透明に見えたんです。

㊀　なるほど。アメをなめていたということは、とりあえず血糖値だけはある程度のポイントに安定させていれば、気を失うこともないし、動けなくなることもない。だから食事はしなくても仕事はできる、という発想ですね。でも、一か月は辛いなあ（笑）。

Ⓑ　いや、でも途中から意外と大丈夫になると思います。僕は何度も一週間くらいの断食をしたことがありますが、一番辛いのは二日目、三日目なんです。それをすぎると、身体がけっこう楽になるんですよ。

㊀　ああ、そうなんですね。二回目の坂がキツいのと同じですね。それをすぎるとちょっと悟るんだ。

Ⓑ　そうそう。七日目になると「もう食べなくてもずっと生きていけるな」という気になるんです。逆に食べるとエネルギーが下がるんですね。

㊀　身体が断食モードに入っているから。

Ⓑ　はい。まあ、それだと社会生活を営む上でいろいろと支障が出るから（笑）、結局は食べるんですけど。

㊀　僕も釣りをするときには、必ず絶食すると決めているんです。はじめた頃はすぐお腹が空いていたのですが、そのうちに空かなくなります。むしろ頭がスッキリするんですよ。逆に釣りながらとき

たま食べたりすると、とても疲れるんです。

Ⓑ　たぶん、食べないほうがよく釣れるんじゃないですか。魚に気配を悟られにくくなるというか。

㋓　そうなんですよ。僕は魚群探知機を使わないので、「心の目」で見て魚を探すのですが、絶食して感覚が研ぎ澄まされていくと、水のなかの魚の動きが見えるようになるんです。

Ⓑ　実際には見えていないけれど、気配を感じるんですね。僕も写真を撮るときに、そういう感覚を込めるのが好きなんです。

㋓　「あ、あのへんにいそうだ」という嗅覚というか、勘が研ぎ澄まされてくるんです。自然と対話ができているというか。でも困ったことに、自然と対話していくと、だんだん魚を釣ることに罪悪感を覚えるようになるんです（笑）。だから魚ができるだけ痛くないように釣って、できるだけ弱らせないようにリリースする。そして、これはと思った魚だけ持ち帰って、おいしくいただきます。

Ⓑ　アイヌ的、縄文的な発想ですね（笑）。魂を肉体から解放して、身だけをいただくという。

㋓　うん、なんか今回の病気もあって、ますますそういう考えになってますね。

Ⓑ　自分よりも魚のことを考える（笑）。

㋓　いや、本当にそう（笑）。

## 油を飲む文化

㋓　食べものということでいえば、油の話もしたいのです。僕は何十年も前からオリーブオイルとごま油を使っているのですが、オリーブオイルはイタリアや、ヨーロッパのものじゃないですか。でも最近だと少し変わってきていて、ヨーロッパで粗悪なオリーブオイルが増えているというんです。

Ⓑ　安いオリーブオイルに硬化油を混ぜてつくっているんですね。あれは内臓や血管には最悪の油ですよ。

㋓　その昔、日本でも洗剤メーカーが食用油を販売していて、食用油で初めて特定保健用食品に指定されたことがありました。うたい文句は「体に脂肪がつきにくい油」というものでしたが、海外に販売しようとしたときに、一斉に「NO！」と突き返されてしまった。国によっては発がん性についても問題視されていました。しかし、このことは各新聞で同日に報道されたあと、翌日からは一切紹介されることがなかったと記憶しています。同製品はいまだに再販されていません。

もう二五年くらい前から、僕はそうした油の話を折に触れて書いているのですが、いまだに日本の油行政というのはいい加減だなと思います。

Ⓑ　酸化してない良質な油を食べると身体にいいし、認知症の予防などに効果がありますが、逆に悪い油はあらゆる成人病の原因になりますよね。ある意味で身体は精密機械だから、良い油、潤滑油がとても大事。

㋓　はじめに油の健康のことを言い出したのは、実はアメリカのトライアスリートなんです。パフォーマンスを上げるために、オメガ3脂肪酸などを含んだ良質な植物油を摂ることが重要だと気づいた。でも、その認識がアメリカ全体に広がるまでに、結局二〇年以上かかっているんです。でもその頃ヨーロッパはといえば、「いや、そもそも俺たちそんな危険な油食べてないから」という感じだったのですが、逆にいまになって、ヨーロッパの油が危機に瀕している。

Ⓑ　そうでしょうね。混ぜもののないオリーブオイルが少なくなってきている。

㋓　面白いのが、ツール・ド・フランスを走るロードレーサーたちは、オリーブオイルを大量に食べるんですね。オリーブオイルは彼らの感覚では「脂肪」ではなくて「潤滑油」なんです。なかには飲んでるひともいる。

Ⓑ　インドもそうですね。油を飲む習慣というのがあるんです。

㋓　ああ、そうなんですね。ヨーロッパだと、「油を飲む文化」っていうのはイタリア、特に南部の農村に多いんですよ。昔、油について勉強していたときにそのことを知って、「日本には似たような文化はないのかな?」と思って調べたんです。そうしたら、やっぱり京都とか岐阜には、「荏胡麻《えごま》の油を飲む村」というのが存在していました。朝に油を一杯飲んでから、農作業に出るんです。

Ⓑ　荏胡麻の油って、メチャクチャおいしいですよね。

㋓　最近テレビで取り上げられるようになりましたが、それまでは荏胡麻を栽培する農家も激減していて、廃れちゃう寸前だったそうです。

Ⓑ　しぼりたての荏胡麻の油は最高の贅沢です。

㊓　かつての日本ではそれが贅沢ではなくて、普通だったんですよね。

## いい油はコレステロールを下げる

㊓　オリーブオイルに混ぜものが多くなっているという話が出ましたが、ごま油もそうなんです。

Ⓑ　特に濃い茶色のごま油は、混ぜものを入れやすいから要注意ですね。

㊓　はい。以前、自著のサイン会のときに、ファンの方に教えてもらって、それまで使っていたごま油を別のメーカーのものに変えたということがありました。するとびっくり、「ごま油って、こんなにおいしかったのか！」というくらいまったく違う味だったんです。だからよく選ばないとだめだなと。

Ⓑ　メーカーをよく調べるのは大事ですね。全体的にいえば、白くて透明なごま油のほうが安全だと思います。

㊓　そうですね。

Ⓑ　油はコレステロールを上げるといわれていますが、いい油を摂ると、逆にコレステロールは下がるんです。少なくとも上がりはしない。

㊓　そうなんですよね。では、なぜ日本では真逆のことがいわれているかといえば、単純に主に流通

しているのがコレステロールを上げるような粗悪な油が多いからです。「いい油」という概念自体がないんですね。でも不思議なもので、ストレスがあって自律神経の調子がおかしくなっているときって、コンビニなどで売っている酸化している油を使った揚げものがおいしく感じるんですよね。

Ⓑ そういうとき、たしかにありますね。悪い油を使ったものを食べると、変な満腹感があるんですよ。

㋓ はい。だから昔からよくいわれていますが、商店街のコロッケは粗悪な油を使ったほうが売れるという。逆に以前、愛知でつくっている「マルホン胡麻油」を使ったカレーパンのお店が、東京のデパートの地下街にできたことがありました。いい油を使って揚げているから、すごくおいしかったんです。でも結局、すぐに撤退しちゃったんですよね。

Ⓑ 豚カツもそうなんですよ。いい油を使った豚カツほど、さらっとしていて胃にもたれなくて、満腹感がないんです。だから逆に、すぐもたれて満腹になる悪い油で揚げた豚カツのほうが人気なんですね。

㋓ うーん、皆、自律神経がおかしくなっているんだろうな。

Ⓑ だから、おかしくなった自律神経をもとに戻すのに、迷走神経について知るのが重要なんですね。脳と胃腸の連絡が正常にして、もっと楽しく生きられるようになる。

㋓ そういうことですね。

## 酒飲みたちの反省会

Ⓑ　僕はあんまり食べ過ぎるということはないのですが、お酒が好きなんです。特にワイン。でも今年で還暦だから、鍼灸師の方に言われました。「還暦は変わり目なんだから、今の量の酒を飲み続けたら、どんどん身体が悪くなっていくよ」と。

㊓　いや、ホントにね……。僕は今年五〇歳になりますが、食べ過ぎに加えて、飲み過ぎもありますから（笑）。病気もしたし、これからお酒を減らさなきゃと、ちょうど思ってたところなんです。

Ⓑ　そうでしょう。だから怪我の功名というか、お酒の飲み方を変えるいい機会になるんじゃないですか。

㊓　でも、お医者さんも「お酒をやめろ」とは言わないですよね。「減らせ」というだけで。

Ⓑ　やめたらやめたで、今度は心理的なストレスになりますからね。だって、美味しいお酒を飲むとすごく豊かな気分になる（笑）。

㊓　そうですね（笑）。

Ⓑ　特においしいワインを飲むと感性が豊かになるし、仲間との会話も楽しくなる。宴会のときに、僕は「田七人参」などの漢方を飲んでいますが、普段飲むときに、いいコツを思いついたんです。

㊓　ぜひ教えてください。

Ⓑ　それが……「ちびちび飲む」ということなんですよ。

㋓ おおー、なるほど。

Ⓑ 僕はここ数週間、ワインを毎晩二杯までと決めて飲んでいるのですが、つまり一度に口に入れる量を三分の一くらいに減らすんです。そうすると、少ない量でも十分満足できるんです。

㋓ ゴクゴク飲まないということですよね。英語でいうと「sip」(すする)。

Ⓑ そう、まさに「sip」です。「drink」しちゃいけないんです(笑)。しかもちびちび飲むと、特にいいワインはより深く味わうことができるんですよ。だからソムリエも「sip」しているんです。

㋓ たしかに「drink」していませんね。僕は日本酒が好きで、宮城県の「綿屋《わたや》」さんという酒蔵のご主人と仲よくさせてもらっているのですが、酒蔵のひとはお付き合いで飲まなきゃいけない席がやはり多いそうなんです。

Ⓑ それはそうですよね。

㋓ 彼の上の世代は、宴会に呼ばれたらぐびぐび飲んで、タバコもバンバン吸って、というライフスタイルだったそうなのですが、案の定、早死にするひとがとても多かったのです。でも今の世代はだいぶ意識が変わって、健康的なライフスタイルを送るひとが多くなってきています。綿屋のご主人もロードバイクに乗っていますが、彼がいうには、一番健康的な飲み方は「おちょこで熱燗を飲む」ということ。

Ⓑ たしかに。冷酒をコップでだと、ついゴクゴク飲んじゃいますもんね。熱燗だとアルコールも少し飛びますしね。

㊓　そうなんです。とはいいつつ、僕は冷酒をコップでぐびっといくのが大好きだったのですが（笑）、今回の病気を機に、熱燗に移行することにします。綿屋の社長に倣って。
Ⓑ　「熱燗宣言」ですね（笑）。
㊓　そうです。お酒だけじゃなく、つまみも大事ですよね。昔の日本のお父さんの晩酌といえば、つまみはタンパク質系か野菜の簡単なもの。ごはんはなし。それで瓶ビールをコップに注いで、ちびちび飲む。
Ⓑ　そう。「つまみ」ですからね。手で簡単につまんで食べられるものということで。バクバク食べるものじゃない。僕も最近は、夜ごはんは少しの野菜と、あと焼き魚。それが最高なんです。
㊓　焼き魚ね。いいですね（笑）。
Ⓑ　ごはんもいらないんですよ。そこに少しのワインがあればいい。だからエンゾさんの場合は、つまみを少しずついただきながら、熱燗をちびちび飲む。最高じゃないですか。
㊓　これからはそうします。「エンゾ・早川が酒場でぐびぐび飲んでたぞ」とかネットで書かれないように（笑）。

# 第7章 頭——なぜ現代は生きづらいのか

子どもは才能の塊だ。
——エバレット・ブラウン

小学校の教師こそ、国の優劣を左右する重大な職業である。
——エンゾ・早川

## 香りを「聞く」

Ⓑ　いよいよ対談も最後になりましたが、最終章は「頭」ということで、前章で取り上げた「口」以外の感覚器官、そして脳の話をしてみたいと思います。

㋓　じゃあ、まずは「鼻」や「耳」あたりから行きますか。以前から気になっているんですが、お香の世界では、「**香りを聞く**」というじゃないですか。あれはなぜ「聞く」なんでしょう。

Ⓑ　僕の友人、香道志野流《こうどうしのりゅう》の若宗匠、蜂谷宗苾《はちやそうひつ》さんによると「聞香《ぶんこう》」とは本来中国の言葉であり、聞の文字には匂いを嗅ぐという意味が含まれているようです。日本では江戸時代以降に、香に関する

場合に限って「聞く」と言い慣わし始めたようです。心を沈めて聞き「わける」という意味合いでしょう。それで僕なりに考えたのは、お香を聞くときって、首を傾けて、ちょうど鼻と耳の中間あたりで聞くんですね。そうすると、首と耳の経絡がいい具合にのびて、香りがすっと身体に入ってくるんです。

Ⓔ なるほど。実際には嗅いでいるんだけども、感覚的には「聞いている」という感じなのかな。

Ⓑ そう、聞いているんです、その香りが持っているメッセージみたいなものを。

自分の経験でしかいえないのですが、以前、最高級の香木である「銘木の伽羅《きゃら》」を出されたことがありました。

Ⓔ ほんの少しの欠片で、何千万円とかする……。

Ⓑ ええ。その伽羅を聞いたときに、一瞬、平安時代の〝雅〟の世界が見えたんです。つまり詩的な世界を聞くという経験ができた。

Ⓔ なるほど。

Ⓑ お香をたしなむひとたちは、よく香りを聞きながら句を読みます。だからお香の場では、香りを聞く、言葉を聞く、インスピレーションを聞く、これらがつながってくる。「聞く」というのは受身の感覚のある言葉でしょう？

Ⓔ ああ、たしかに。

Ⓑ だから受身になって、他力によって詩的な世界を感じること。そこから、「香りを聞く」という

言葉ができたのではないかと思っているんです。それに、香りというのは記憶を呼び覚ますでしょう？　香りを通じて、子ども時代とかの古い記憶に耳を澄ませる、そういう意味もあるんじゃないかと。

㋓　実際、記憶喪失の治療などで、匂いを嗅いでもらって記憶を呼び戻すという方法もありますね。記憶をつかさどる「海馬《かいば》」という脳の部位は、嗅覚とつながっていますから。

Ⓑ　そうなんです。人間には五つの感覚がありますが、そのなかで唯一、直接脳につながっている感覚が嗅覚なんですね。

㋓　具体的にいうと、「大脳辺縁系」という、本能や感情をつかさどる部分に直接情報が送られる。でも、他の四つの感覚はみな、認識をつかさどる「大脳皮質」を通ってから大脳辺縁系に情報が送られる。つまり、そこで一度情報が取捨選択されているわけです。ただ嗅覚だけが、脳に「生の情報」を送りこむことができる。

Ⓑ　それだけ脳に対する影響力も大きい。だからいい香りを嗅ぐと、自律神経が整って、気分が落ち着いてくる。それがアロマテラピーですね。

## フランス人の〝鼻の文化〟

Ⓑ　外国の話でいうと、フランス人には〝鼻の文化〟があるんです。フランス人は長生きのひとが多

いんだけど、その理由の一つに、鼻をよく使っているからということがあるんじゃないかと思うんです。

㊓ よく赤ワインを飲むから、と言われますけど、それだけじゃない。

🅑 香水もよくつけるし、フランス語には「鼻濁音」が多いでしょう。

㊓ なるほど。

🅑 言葉を鼻で話すんですよ。あとはね、料理を食べる前に、香りを嗅ぐ人がけっこういます。

㊓ フランスのひとはよくそうされますよね。日本だと、行儀が悪いと言われてしまいますが。

🅑 匂いを嗅いだ瞬間から、もう消化の準備がはじまっているんですよね。前章の「口」の話とも関連しますが、脳と胃腸にスイッチが入るんです。

㊓ 口のなかでは唾液が出て、内臓ではアミラーゼなどの消化酵素が分泌されると。

🅑 そうです。身体の準備ができるんです。「香りも味のうち」なんです。だから、鼻が詰まってるときって、食事がおいしくないでしょう。

㊓ そうですね。毎年思うのが、僕は花粉症で、ちょうどこの収録をしているのがバレンタインデーの直前なのですが、だいたいこの時期から鼻が詰まりだすんです。だから、せっかくチョコレートをもらっても、香りがわからないからさっぱり味わえないんです（笑）。

🅑 しかもヨーロッパでは、ワインを飲みながらチョコを食べるでしょう。

㊓ そうなんですよ。だから二重に香りがわからなくて。このときほど花粉症が恨めしく思えること

はないですよ（笑）。

Ⓑ フランス人の話をさらにすると、「**オーラ**」ということがあります。フランス人は鼻で表情をつくって、オーラを出すんですよ。

� オーラ、というと雰囲気とか格のようなものと考えてもよいですか？

Ⓑ 彼らは子どものときから、どうやって自分のオーラを演出するかを鍛えられる。そのなかで鼻の使い方を覚えていくんですね。たとえばフランスの高級レストランに入ると、ウェイターを呼ぶときは、手を挙げてはいけないんです。もちろん声を出すのは論外。すべては自分のオーラで、鼻で表情をつくって向こうに気づかせるんです。

㊓ たしかに、フランス人ってやたら鼻を振っているイメージがありますね。

Ⓑ はい。でもよく考えてみれば、これはとても日本的な発想でしょう？「気配」でひとを呼ぶという。

㊓ でも日本だと、いまじゃボタン押して「ピンポーン！」で呼びますからね。

Ⓑ たしかに（爆笑）。

㊓ 気配もへったくれもありません（笑）。

## 「襤褸《ぼろ》を着てても心は錦《にしき》」はない

㊓ オーラの話で、自転車専門のカメラマンとして著名な砂田弓弦《すなだゆづる》さんという方がおっしゃっていたのですが、イタリアに仕事に行ってカルチャーショックを受けた経験があると。というのも日本だと、子どもは親から「あなたのことなんて誰も見てないんだから、服装なんてあまり気にしなくていい」と教わりますね。

🅑 ええ。

㊓ でも、イタリア人の親は逆で、「みんながあなたのことを見ているのだから、きちんとTPOをわきまえた格好をしなさい」と教えるそうなのです。つまり「襤褸を着てても心は錦」なんてことはあり得ない。もちろん服装だけではなく、受け答えや立ち居振る舞い、もちろんオーラも、きちんと自分の個性を出せと教わるということでした。それに接して砂田さんはカルチャーショックを受けたと。

🅑 なるほど。その話を聞いて、いま、大きな気づきがありました。僕は三〇年近くフォトジャーナリストをやっていましたが、フォトジャーナリストの仕事というのは「自分のオーラを消す」のが重要なんですよ。

㊓ 主役はあくまで被写体、ということですね。

🅑 そう。だから部屋のなかに入って、被写体の人びとがいると、なるべく邪魔しないよう、僕の気配を感じさせないように、オーラを消すのが習い性になっていたんです。でも記者を辞めて、湿板写真という古い写真技法を使ったアーティストとして活動するようになったいまでは、逆に自分の存在を出すのが仕事になっている。そこの切り替えに苦労してるんです（笑）。

㊓　オーラを消す習慣がついてしまっていると。

Ⓑ　そうなんです。でも特に海外へ行くと、オーラがないとまず認められないんですよ。日本だと逆でしょう？　オーラを出してると、ちょっと煙たがられる（笑）。

㊓　そういうことですね。たしかに、就職試験などを考えると、ちょっと異様ですよね。みんな同じリクルートスーツを着て、何万人も東京ドームに集まって会社の説明を聞いている。そこにはオーラも個性もなくて、選ぶ側としては困るんじゃないかな、といらぬ心配をしているのですが。何を基準に選んでいるのでしょうね。それこそ、羽織袴《はおりはかま》で来るひとがいてもいいのに。

Ⓑ　まあ、正装ですからね（笑）。これからの時代は、そういうほうがウケるかもしれない。きちんと着物が着られることが前提の話ですが。「オーラの出し方」というのが、これからの日本の課題になるかもしれない。

## 〝鼻で見る〟画廊主

Ⓑ　僕がお世話になっている銀座の画廊「一穂堂」のオーナーで、青野恵子さんという女性がいるの

ですが、彼女は鼻で作品を見るんですよ。

㋓ 面白いですね。

🅑 だから、彼女の場合、事前に作者の経歴を見ることは決してしないんです。自分の嗅覚だけを頼りに、作品の価値を見抜くんですね。

㋓ 日本語には「**鼻が利く**」という言葉がありますけれど、あれは単に「匂いを嗅ぎ分けられる」という意味ではなくて、ものごとの真価とか、相手の人格を鋭く見抜くことができるひとのことを言うわけです。

🅑 そうですね。おいしそうだなと思ってふらっと入った店が当たりだったら、「お前鼻が利くな」と言われる。嗅覚は直感なんですよ。事実、先にも話に出ましたが嗅覚は脳に直結しているわけだから。

㋓ サッカーやバスケットボールなどでも、優れたストライカーは「ゴールの嗅覚を持っている」と言われますよね。でも、実際に匂いを嗅いでるわけではない（笑）。「この辺りのエリアに入っていくと、シュートが打てそうだな」という直感に優れている選手を、たとえてそう言っているんですね。

🅑 だから余計な教育や固定観念があるとね、嗅覚はすぐダメになるんです。

㋓ そうですよね。少し専門的な話になりますが、脳には「嗅球《きゅうきゅう》」という部位があります。前頭葉のすぐ下にあり、その名の通り嗅覚情報を処理する器官なのですが、これが、鼻腔の奥から顔を出しているんです。

Ⓑ　つまり、外界に直接、神経が触れている。

㊎　はい。この他に、身体の外に出ている神経はないんです。皆、皮膚のなかに収まっている。これだけ見ても、嗅覚が外界に対するセンサーとしていかに重要な働きをしているかが明らかだと思います。つまり、**嗅覚は外界に直に接していて、しかも脳に直接つながっている**と。

Ⓑ　おそらく、嗅覚情報だけじゃなくて、たとえば気温や、酸素濃度などもキャッチしているのでしょう。

㊎　化学物質もそうかもしれません。そもそも、嗅球のセンサーで拾っているのは外界に存在するいろいろな分子なわけで、それが匂いだけとは限らないんですね。

Ⓑ　嗅覚のなかにさまざまな情報が含まれている。だから「お香を聞く」というのも、入り口は嗅覚ですが、そこから聴覚や視覚、味覚、触覚へとイメージが広がっていく。そのことを言い表したんだと思うのです。

㊎　嗅覚を使った遊び、あるいはスポーツですね。それがとても心地いい。

## 人間も匂いで異性を選ぶ

㊎　先ほど述べたように、嗅覚というのは直感的でとても重要な感覚なのですが、人間は視覚があまりにも発達してしまったため、嗅覚をおろそかにしてしまっている。特に現代人は。

Ⓑ　そうですね。ただ、外国の挨拶には嗅覚の重要さが残っているものがあるんですよ。たとえばフランス人はお互いの頬にキスをしますが、そのとき同時に相手の匂いも本能的に嗅いでいる。あとエスキモーは、鼻と鼻をくっつけて挨拶するんです。

㊀　第4章の「尻」でも出ましたが、犬が互いのお尻の匂いを嗅ぎ合うのと同じですよね。人間がそれをやったらちょっとまずいけど（笑）。

Ⓑ　そう、同じですよ。匂いで相手のことを確認してるんです。

㊀　僕らが異性を選ぶときも、やはり匂いで判断してるという話がありますね。

Ⓑ　はい。フェロモンをはじめ、匂いに含まれている情報を分析している。

㊀　でもいまだと、香水があったり、あとは服に匂いをつける洗剤があったりして、そのひと本来の匂いがわからなくなってしまっているのかな。

Ⓑ　僕は少し違う見方をしています。匂いがわからなくなってしまっているのではなく、みんな同じ匂いになってしまってる。安いせっけんの匂いで統一されているみたいで、ちょっと気持ち悪い。

㊀　ビジネスホテルにおいてあるような。

Ⓑ　そうですね。それで自分の匂いをぜんぶ消してしまっている。つまり個性を消してしまうんですね。でも逆に、香りの使い方が上手なひとは、自分本来の匂いと、自分に合った香水やせっけんの香りをブレンドして、ひととは違う匂いを演出しています。

㊀　いい香水って、本来はそういう使われ方をするものですよね。

Ⓑ　はい。そして、自分の匂いをきちんと活かしているひとには、能力の高いひとが多い。だからみんなが同じ匂いになる状況で、逆にそういうひとたちが目立ってきている。

㋓　日本でも、かつてはお香の文化が盛んだったのに。

Ⓑ　そうですね。平安時代は、香りを上手に使うことがたしなみとされていた。だからこそ、僕は高級な伽羅を聞いたとき、平安の世界が見えたのだと思います。

㋓　少し話が変わりますが、日本の企業には、社内にスポーツのサークルがあるところが比較的多いんです。昔から、そういうサークルが男女の出会う場所になっていたんですね。体温が上がって汗をかくと、匂いが強くなるから、相手のことがよくわかる。

Ⓑ　なるほど。

㋓　もうひとつ、昔から人気なのが「山登り」です。なぜ企業がサークルをつくるかというと、社員に早く結婚してほしいからです。社内結婚して子どもをつくって、なんなら会社でお金を借りて家でも建ててくれれば、一生逃げられない状況になるという。

Ⓑ　たしかに（笑）。いわば高度経済成長って、そういうことですよね。

㋓　そうなんですよ。なんのことはない、男女のスケベ心が原動力だったんです。

Ⓑ　エロパワーですね（笑）。

㋓　まさにそうです。逆に現代日本が経済成長しないといわれているのは、そのエロパワーがもう使えなくなっている、ということもあるのかなと。

Ⓑ　いまはアダルトビデオの時代ですから。

㊦　もはやＶＲ《バーチャルリアリティ》もありますからね。だから、男性の側だけからいうと、誰かとつながらなくても、手軽にエロを満たせる時代になっている。もっとも、僕自身もアダルトビデオ愛好家だから、あまり偉そうなことは言えないのですが（笑）。

## 偉いお坊さんほど耳の形がいい

Ⓑ　次は「耳」の話に行きますか。このあいだ、京都のとあるお寺に行ったときに気づいたのですが、偉いお坊さんほど、耳の形がきれいなひとが多いんです。

㊦　福耳ということですか？

Ⓑ　そうです。耳たぶが立派。

㊦　たしかにいわれてみれば、漫画などでもお坊さんは福耳に描かれますね。

Ⓑ　そうでしょう。西洋の絵画でも、賢人は福耳のことが多いです。

㊦　**聴覚は「気配」を感じるのに重要**ですよね。音のわずかな変化で異変を察知するという。

Ⓑ　たとえばイルカなどは、音を出してはね返ってくる音をふたたび聞くことで、障害物や自分の位置を確認していますし。

㊦　そうそう。実は人間も同じことをやっているんです。特に目の不自由なひとは、白杖を突く音や

自分の声の反響などで、部屋の大きさや、ひとのいる位置がだいたいわかるといいますね。もしかするとそれが「気配」というものかなと思っています。

Ⓑ わかりますね。山伏修行のときに、山で法螺貝を吹くじゃないですか。その響きを聞くことで、自分の位置をたしかめるんです。

㊓ 最近の街を歩くと、耳にはめ込んだイヤフォンで音楽を聴きながら歩いているひとがとても多いですよね。あれは、自ら聴覚を潰しているわけですよね。ただでさえ現代人は気配に鈍感になっているのに、これではさらに鈍感になってしまうと思うんです。

Ⓑ 僕も音楽を聴くのが大好きですが、本当はスピーカーで聴きたいんですよ。

㊓ イヤフォンだと疲れてしまって。全然慣れていないから、一時間もすると外したくなってしまうんです。

Ⓑ 慣れてるひとは何時間も平気で聴きっ放しですからね。でも、大事な感覚器の一つを潰して、自ら能力を下げてしまっている。

㊓ それがいつか災難として自分の身に降りかかってくるんじゃないかと思うんですよ。

Ⓑ 鼻のセンサーと同じように、耳もやはりセンサーとして外界の情報を集めている。また、耳には大事なツボがたくさんあります。迷走神経が近くを通っているから、副交感神経とも深くつながっている。つまり、それだけ重要な器官だということ。

㊓ 「首」のところでも話しましたが、板状筋を使えていないと、首は機敏に動かせないんですね。

それで、**首が機敏に動かないと、耳も役立たず**なわけです。

Ⓑ いろんな方向に耳を向けないと、情報は集まらないですからね。

㋓ 耳の情報収集能力は、スポーツでも重要です。特にサッカー。その点、元日本代表の中田英寿はすごかったですね。レミングやプレーリードッグのように、自由自在に首が動いてしました。だから気配を感じられて、次の局面を展開するパスが出せるんです。

Ⓑ なるほど。耳と首の処理はセットになっていると。

㋓ そうなんです。最近だと、ヴィッセル神戸に加入した元スペイン代表のイニエスタですね。試合中、イニエスタだけ首の動きの素早さが桁違いなんですよ。

Ⓑ やはりね。

㋓ それで、テレビ中継中に画面の下に、「イニエスタだけ姿勢が違う」というツイートが紹介されていました。これは鋭いところに目をつけているな、と感心しました。だから、お坊さんの話もそれと同じなんだと思うのです。

Ⓑ 気配を感じる能力が高い。だから耳がいい形をしている。

㋓ そういうことなんじゃないかな。

## なぜメッシはPKを外すか

Ⓑ「耳」から「目」の話に移るとね、僕は写真を撮るとき、**いい情報というのはだいたい「目の脇」から入ってくるんですよ。**

㊓　ああ、なるほど。視点や意識の中心じゃないんですね。周縁から入ってくる。

Ⓑ　そうなんです。だから無意識に入ってくるんです。それが何度経験しても不思議なことで、ちょっと原始的な感覚なんです。

㊓　たしかにそうですね。卑近な例ですが、本屋さんで本を探してるときに、目の端で捉えた本が「これだ！」となるときはありますね。

Ⓑ　そうでしょう。**本当に必要なものを発見できるときは意識してないんです。**「あれはどこかな？」と自分から探している目では見つからないんです。

㊓　探しものもそうですよね。なくした当事者はなかなか見つけられない。「探すこと／もの」に意識が集中してしまっているから。かえって他人のほうが見つけやすい。

Ⓑ　あと、幽霊が見えるひとも、目の脇から見えるそうです。中心では幽霊を見ることができない。ちょっとオカルティックな話ですが。

㊓　文章を書くのも似た部分がありますね。たとえば章の出だしであるとか、あれこれ意識の上で悩んでいるうちは正解が見つからない。ふっと気を抜いて、ぼーっとしているときに、思わぬところか

ら、思わぬ文章が思い浮かんでくる。それで、よくよく考えてみると、それが正解だということはよくあります。

🅑 正解は脇からやってくるんですね。昔、南米のアマゾンに旅したときに、原地のひとからよく言われたんです。「**もし毒へビとか毒グモに噛まれたら、まわりを探せ。必ず解毒剤となる草が生えているから**」と。でも、集中して探すと見つからないんですよ。半ばぼんやりとした意識で全体を見渡すと、ぱっと見つかるんです。そういう「目の脇の感覚」がすごく重要だと思っていて。

㊄ なるほどね。いまふと思い出したのですが、サッカーのメッシはペナルティキック（ＰＫ）が意外にもあまり上手じゃないんですよ。四回に一回近く外しているんです。

🅑 へえ。

㊄ ＰＫは意識して蹴る、つまりゴールを視界の中心で捉えて蹴るわけですよね。でも流れの中からシュートを打つとき、メッシはゴールを見ていないんですよ。ゴールを見ていたらシュートのタイミングが遅れて、ディフェンダーにブロックされてしまうから。

🅑 なるほど、面白いなあ。まあフォワードの選手がＰＫが下手だというのは、昔からありますよね。

㊄ ありますね。逆にディフェンダーの選手のほうが上手い。ディフェンダーは相手をちゃんと見ていないと、リスク管理ができないから。

🅑 サラリーマンに向いてますね。管理職にね（笑）。

㊄ だからディフェンダーがキャプテンになっているとチームも安定しますね。

## 歪んだ画面のほうがひとは心地いい

� 釣りの話でいうと、湖にボートで身一つで漕ぎ出すと、そこには何の標識もないわけじゃないですか。そうすると、空間認識がとても不思議な感じになります。

Ⓑ 何もないと必然、遠くを見ますしね。普段の生活だと、あまり遠くを見るということはないですから。

㋓ そうなんです。遠くのものを見て、感覚でそこまでの距離を測定するということがない。それに、人間の社会には、やはり直線のものが多いんです。でも自然のなかに行くと、直線のものなんか全然ないんですよ。

Ⓑ たしかに（笑）。たいてい曲がってますものね。

㋓ はい。それで、そのあらゆるものが曲がってる景色が、とても目に心地よく感じる。

Ⓑ 僕らが見ている世界は、本当は球形をしているはずなんです。目の構造からして。だから、そういう世界を再現しようとしている画家もいます。彼は球形の画面に絵を描いています。

㋓ なるほど。でもいまだと、絵のキャンバスも平面で直線的だし、パソコンのモニターもそうだし、四角い世界ばかりが僕たちを取り囲んでいる。

Ⓑ だから、おそらく売れないかもしれないけれど、球形のスクリーンのテレビなどがあったら面白

いかもしれない。

㊤　映画監督の宮崎駿がいっていたのですが、「一点透視図法による遠近法は、西洋人の錯覚だ」と。むしろ、消失点を二つ、三つつくって、いびつに歪んだ画面にしたほうが、人間の脳は心地よく感じると。

Ⓑ　よくわかりますね。そもそも、僕らは視界に映るすべてのものをきちんと見ているわけじゃない。見たいものにピントを合わせて、どうでもいいものは雑に処理している。「見る」時点ですでにバイアスがかかっていて、歪んだ画面なんですね。だから、そういう画面が心地いいというのは腑に落ちますよ。

㊤　ブラウンさんは写真家だからよくわかると思うのですが、「肉眼で見ると素晴らしい景色なのに、写真に撮ったらガッカリ」というパターンがあるじゃないですか。僕は土地柄、富士山を写真に撮ったときに、ハンパなくガッカリします……。

Ⓑ　ありますね。「肉眼で見た世界を撮る」というのはとても難しいことなんです。撮りたいもの以外のものもいろいろ入ってきてしまうから。視覚の研究者によれば、僕らが見る世界の映像は、実は半分くらい脳がつくっていると言われています。だから自分の環境や経験によって、見る世界が変わるんですね。

㊤　「全部」が入っている画面はいらないんですよね。脳内で見ている通りの画面が出てくると、人間は心地よく感じる。でも、プロのカメラマンでも映像クリエイターでもない僕などが撮ると、ガッ

カリするものができちゃうという。

🅑 画家とか小説家でもそうですよ。**脳内で見た世界を現実に表現できることが、創作家としての才能なのです。**

㋓ そうですね。だから、たとえばミケランジェロのダヴィデ像は、正面から見ると顔が大きすぎてバランスが悪い。でもそれには理由があって、普通は下から見上げるわけですね。そのときに、顔がもっともいいバランスで鑑賞者の目に映るように、あえて大きくしているんです。

🅑 古代ギリシャの柱の胴のふくらみ「エンタシス」も同じですね。あれは上部に向かって徐々に細くなっているけど、そうすることで、下から見上げたときに、直線的で安定して見えるように設計されている。

㋓ あと、ガンダムのプラモデルね。原作どおりの寸法でプラモデルにすると、めちゃくちゃバランスが悪くて、カッコ悪くなってしまうそうなんです。それで3Dのデジタル模型に起こす際に、人間が手を加えている。つまり、できあがったガンプラは実際にはあり得ない寸法になるのですが、それが僕らの目には「カッコイイ!」と映るんですね。

## 前頭葉、後頭葉、側頭葉

㋓ ところで、脳には前頭葉、後頭葉、側頭葉という部位がありますね。その部位ごとに感じ方、働きが違うというのが興味深いと思っています。

Ⓑ 前頭葉はよく「社会性の脳」といわれますよね。

㊓ 前頭葉が発達しているひとは、外界とのコミュニケーションをとるのが上手だといわれますよ。だから先の話を受けていうと、いいお坊さんは前頭葉が発達しているといえるのではないかなと。逆に発達障害のひとなどは、前頭葉の血流や発達があまり良くなくて、それゆえ集団行動など、社会性が必要とされることが不得手だといわれます。

Ⓑ 鬱病などについても、前頭葉の血流量があきらかに低下している。だから外界に対する興味や、ものごとへの意欲がなくなってしまう。

㊓ そうですね。側頭葉は記憶に関係しているといわれていて、僕自身のことでいうと、もともと強いのは側頭葉かな、という実感があるんです。

Ⓑ 記憶。僕は全然ダメだな（笑）。どちらかというと、後頭葉が強いという感覚があるんです。後頭葉というのは空間認識などをつかさどっている部位ですが、直感的な判断に優れているといわれていますね。

㊓ はい。

Ⓑ 二〇代の頃、深い瞑想をよくしていましたが、その折、やはり後頭葉が活発になってくる感覚がありました。すると、目を閉じていても、三六〇度、周囲の空間が手に取るように感じられるんです。でもまあ、前頭葉にもちょっと頑張ってもらわないと社会生活を営めないわけで（笑）、意識してそ

ういう脳の使い方をするようになったのです。でも、一方でそうして無理に前頭葉を働かせていると、だんだん脳にストレスが溜まってくるんです。

㋓　ああ、わかるなあ。

Ⓑ　本来は後頭葉が得意なはずなのに、そちらは現代社会にはあまり必要とされていない（笑）。それで、脳のストレスが溜まったときには、僕の場合ですが、滝行をするんです。そうすると、脳が一気にリセットされる。

㋓　僕の場合は、やはり釣りでリセットされていますね。滝行もそうですが、**自然の中に身一つで入っていく**というのは、脳にとてもいいことですよね。

Ⓑ　そのとおりですね。だから山伏修行に来るひとたちも、脳のリセットを求めてくるんです。

## 発達障害×発達障害

㋓　「脳」の話でいうと、僕はぜひ、発達障害の話をしたいとずっと思っていました。というのも僕自身、おそらくは受動喫煙と利き手の矯正が主な原因だと思うのですが、発達障害なのです。小さい頃から吃音があって、ＩＱがかなり低かったので、小学校に上がる際には養護クラスに入れられそうになっていたんですよ。

Ⓑ　実はね、僕もそうだったんですよ。

㋓　ああ、やっぱりねえ。そうだろうな、とずっと思ってましたよ（笑）。だから「発達障害の二人による対談」というのが、この本の根底に流れる裏テーマなのかもしれない。

Ⓑ　そうでしょうね。事実、僕も吃音があって、興味がないことには集中力がなくて、すぐにぼーっとしてしまう子でした。それで僕は小学生の頃、実際に養護クラスに入れられたんです。

㋓　そうなんですか。

Ⓑ　頑張れば他の子たちと同じようにできるのですが、頑張るとメチャクチャ疲れてしまうんです。いまでもそうです。集中すれば、一社会人として普通の生活を送れます。でも、それにはとても努力がいる。それは本当の自分じゃない、という感覚があって。

㋓　わかるなあ。

Ⓑ　本当はね、ずっとぼーっとして暮らしたいんですよ（笑）。それが一番自分に自然な生き方。

㋓　ありますよね。僕も、怠け者として暮らしたいという願望がずっとありますし、自分が怠け者だなって思うんです。でも、あんまり怠けてばかりだと生きていけないから、本を書いたり自転車を売ったりしているという。

Ⓑ　僕はぼーっとするのは上手ですよ（笑）。

㋓　そうでしょうね（笑）。

Ⓑ　だから学生の頃、窓の外ばかりずーっと眺めていて先生に叱られたことが何度もありました。だから窓側の席は最高でした。逆に真ん中のあたりの席になると、すごく落ち着かなくて。

㊁　僕も入院していたとき、自分の心電図を延々眺めて楽しんでいましたからね（笑）。ぼーっとしているほうが落ち着くんです。

🅑　よくわかりますね。だから僕は写真をやっているんです。**写真家というのはつまるところ、ぼーっとする仕事**ですから。ぼーっとすると、皆とは違う発想ができるし、美しい世界が見えてくる。

㊁　「目の脇」から何かが見えてくるまで、ひたすら待つわけですからね。釣りもそうです。

🅑　そうですよね。でも、先ほど養護クラスに入れられたという話をしましたけど、僕の親友がいて、彼は優秀で普通クラスに通ってたんです。だから、彼と一緒にいたい一心で勉強を頑張って、なんとか普通クラスに行くことができたんです。

㊁　そういうモチベーションって大切ですよね。

🅑　そうなんです。養護クラスの勉強でいうと、たとえば靴ひもの結び方。最初の頃はまったくできないし、そもそも興味がなかったんです。

㊁　だって、第1章でさんざん話しましたが、そもそも靴を履きたくなかったひとですからね（笑）。裸足でいたがるって、発達障害のひとにとても多いエピソードだと思います。考えてみれば、裸足が大好きなアインシュタインだって、確実に発達障害だったわけだし。

🅑　そうそう（笑）。僕の場合は仕方ないから繰り返し練習することで、なんとか結べるようになったんです。あとは吃音も、言葉をきちんと発音するトレーニングを受けました。でも最初の頃は、何か課題が目の前に来ると、とにかく頭が真っ白になっていたんです。今でも疲れてくると、単語の選び方や文法がメチャクチャになる（笑）。

## 左利き×左利き

Ⓑ「利き手の矯正が大きな原因で発達障害になった」といわれましたけど、エンゾさんも僕も、どちらも左利きですよね。

㋓ そう、だから「左利き同士の対談」という裏テーマもありますね。

Ⓑ 裏テーマばかりだなあ（笑）。矯正されたということは、右利きにされかけた？

㋓ そうなんです。だから左右どちらでも箸を持てます。ボールは右で投げますが、テニスやボーリング、釣り竿を振るのは左でやります。字を書くのは右で、絵を描くのは左右両方。

Ⓑ なるほど。利き手の矯正と発達障害というのは、どういう風につながってくるんですか？

㋓ はい。子どもの頃は右脳と左脳のあいだをつなぐ「脳梁《のうりょう》」という部分が未発達なんです。そのときに利き手を無理に矯正すると、脳が混乱するんですね。せっかく右と左の脳の役割を分けて決めようとしているのに、それに逆らうことをするわけですから。それで脳がエラーを起こしたのではないかと考えています。

Ⓑ そういうことなんですね。

㋓ ブラウンさんは矯正されませんでした？

Ⓑ いや、幸いにもありませんでした。ただ、左利きであることがコンプレックスだった時期はありました。一般的に左利きのひとというのは、繊細で自律神経が崩れやすい。病気もしやすいし、比較的に長生きしにくい。だから感受性が豊かという面もあって、いまはそちらの面をとるようにしているんです（笑）。

㊁ 左利きのひとたちが、たくさんの発明や芸術を生み出してきたわけですからね。そのことで僕が思うのは、インド人のことなんです。

Ⓑ ほう、インド人。

㊁ インドのひとは、基本的にみんな右利きですよね。

Ⓑ 左は不浄の手とされているからね。

㊁ そうです。でも、なかには生まれたときは左利きだったひともたくさんいるわけです。だから後天的に右利きに矯正されているんですね。となると、発達障害傾向のひとも多いのではないかと。

Ⓑ ああ、なるほど。

㊁ それゆえ、数学やＩＴの分野などで天才が生まれる一因になっている。

Ⓑ エネルギーの発揮の仕方が違うだけということかもしれません。

㊁ そうかもしれませんね。

## 吃音の克服法が仕事に生きている

㊓　吃音の問題でいうと、小学校の国語の時間に、先生に当てられて教科書を読まされるんですね。そうすると途中で言葉が出てこなくなって、頭が真っ白になってしまう。アメリカでも教科書を読まされるってありましたか？

Ⓑ　ありました。大変に苦痛でしたよ。

㊓　ただ、教科書はそのまま読まないと仕方ないのですが、日常会話で吃音が出た場合、その対処法を考えたんですよ。特に日本語では、一つの意味を伝えるのに、いろいろな言い回しがあるでしょう。

Ⓑ　ああ、そうですね。

㊓　慣用句という便利なものもありますから。そういうのをたくさん覚えておけば、吃音が出ない表現で同じ意味を伝えることができる。そうして言葉を覚えていくうちに、国語のレベルが異常に上がって、大学受験の頃には国語の偏差値が七〇を下回ったことはほとんどありませんでした。逆に数学の偏差値が五〇超えることはなく、国立大学はあきらめましたけど（笑）。

Ⓑ　へー！

㊓　しかも、それがいま、物書きの仕事をする上でとても生きてるんですよね。でも教科書の内容や、ひとの名前は……。他の表現法がないじゃないですか（笑）。

Ⓑ　そうすると頭が真っ白になって、黙ってしまう。

㊓ そうなんです。そういう夢、いまでもたまに見ることありますね。

Ⓑ カメラでもそうです。はじめは設定が何もわからなくて、頭が真っ白になる。でも、まず基本的な設定を覚えて、そこから自己流で、いろいろと失敗しながら覚えていくんです。最初に説明書を読めばよいのですが、読まないんです。読んでも理解できないから。

㊓ わかるなあ。実際に触れながら覚えていく感じがありますよね。

## エンゾ、横浜市の小学校教育に感謝する

㊓ アメリカの小学校の養護クラスでは、発達障害の子たちの扱いはどのようなものなのですか？温かく指導してくれたりとか？

Ⓑ いや、まったく逆で、完全に「かわいそうな子」扱いだったんです。

㊓ そうなんですね。

Ⓑ だから、やはりプライドが傷つきました。教室からいつも逃げ出したくて、寂しかったです。ただ中学生の頃、美術の先生が「あなたには芸術の才能がある」と言ってくれました。でも、そのときはそれも嫌だったんです。ちょっとみんなに注目される格好になって、居心地が悪かった。でも振り返ってみると、その先生のおかげで自分を見つけられたと思う。だからいまではとても感謝しています。

㋓ それは大きいことですよね。発達障害の子にとって、幼少の頃をどういう環境で過ごしたかというのはとても重要だと思います。僕の場合は、まったく記憶がないのですが、「幼稚園辞めてください」と言われたらしいです。

🅑 いまと同じで、落ち着きのない子だったんじゃないですか（笑）。

㋓ 幸運にも自分では覚えていません（笑）、でも、問題行動があったのでしょうね。それで、小学校に進学して一年生のときには、担任の先生にいじめられていたそうです。ただ、二年生のときに横浜市に転向することになりました。それが転機になったんです。

🅑 というと？

㋓ 担任の方がすごくいい先生だったんです。のちに知ったんですけど、横浜市の小学校は低学年は女性の先生が担任をやることが多いんですよ。というのも、学校の先生に母親的な役割を持たせるということが、昔から決められていたみたいで。

🅑 なるほど。

㋓ 当時のお母さん像としては「いろんな子がいるけど、みんな楽しくやりましょう」という大らかさがあって、その大らかさを先生も持っていたんですね。だから、いろいろと問題行動を起こしたにもかかわらず、小学校時代にいじめられた記憶がないんです。横浜以前のことは忘れてしまっている、ということもありますが。

🅑 心の大きな先生たちだったんですね。

㊤　そうなんです。いま思い返してみると、僕以外にも発達障害らしき子はいたし、性同一性障害なのかな、という子もいたんです。見た目は男の子だけど、心は女の子。それで彼女はプールの時間に、女の子用の水着を着ていました。水着で上半身をかくしていないと恥ずかしいですから。それを男の子たちがからかうわけですが、女の子がその子をかばうんですね。

そのようにいわゆる「普通」の枠からはみ出てしまう子どもが多かったようで、僕もいじめられなかったのだろうと思います。だから、普通とそうでないとを分けないで、みんな楽しく、というテーマの環境をつくってくれていた横浜の小学校の先生たちにはとても感謝しているし、横浜市の教育委員会にもとても感謝しているんです。

🅑　素晴らしい話ですね。日本語には「変わり者」という言葉があるじゃないですか。これが僕はとても好きです。みんなと少し違っているひとを、ポジティブに受け入れる空気がかつての日本にはあったんじゃないかと思うんです。

㊤　現代だと「変わり者」では済まされないですよね。発達障害もそうですが、すぐに病名みたいに何かのレッテルを貼られてしまう。

🅑　そのとおりです。僕たちのようなひとにとっては、どんどん生きづらくて息苦しい社会になってきていますよね。

㊤　自分を振り返るに、発達障害傾向の子には社会性が欠けていることが多いんですね。でも成長するにつれて、経験によってある程度社会性は自然と身につきますね。ある研究によると九歳～一一歳

あたりには問題行動が収まり、社会性のなさも落ち着いてくる、でもそれまでの環境がとても大事だ、といわれています。環境がよかったこともあり、その後はそれほど辛い経験をせずに大人になることができました。

Ⓑ 社会性を身につけられる環境や教育があるというのは、とても幸せなことですよね。

㊓ ただ、こうして大人になって作家活動をするようになったわけですが、もちろん自分の言いたいことを本に書いているからというのもあると思うのですが、今度はインターネット上でいじめがはじまったんです。

Ⓑ なるほど……。今のネット社会って、いろんな意味で本当にうるさいし、面倒臭いですよね。

㊓ 本当に。僕は、インターネット上の〝意見〟というのは健常者の方たちの総意のことだと思っているのですが、どうもその中には発達障害傾向にある人間の言うことが気に障るひとがそれなりに多いようです。

Ⓑ まあエンゾさんの場合、言い方がキツいですからね。誤解を招くことは多いはず（笑）。

㊓ そうなんです。いじめに遭う子どもたちの苦しみを初めて知りましたよ。小学校時代から、約三〇年遅れて（笑）。

## ヒヨコ事件

㊓　小学校時代の自分の問題行動で、いまでも鮮明に覚えていることが一つあります。それが「ヒヨコ事件」。

🅑　ヒヨコ事件？（笑）。どんなお話？

㊓　クラスでヒヨコを飼っていたんです。それで、そのヒヨコの調子が悪くなって。そうしたら、なぜ先生がそんなことをしたのかは未だにわからないのですが、夕方頃に僕の家に来て、「早川くん、一緒に学校に来てヒヨコの具合を見てやって」と言うんです。たぶんですが、当時、僕が鳥や生物のことに異常にくわしかったということもあるかも。

🅑　発達障害だから、興味があることはとことんやる（笑）。

㊓　そうなんです。それで、日が暮れてから学校に行って、ヒヨコの面倒を見たわけです。でもその甲斐なく、ヒヨコは死んでしまって。ただ、死んでしまったのは残念なのですが、だからといって悲しいという感情はあまりなかった。

🅑　うーん、おそらくもっと科学的に状況を見ていたのでしょうね。

㊓　そうだと思うんです。それで、おそらく単純にみんなに事実を伝えようと思ったのでしょうね。ヒヨコのケージに「〇時〇分、ご臨終」って紙を貼って帰ってきちゃったんです。それで伝わると思って。

Ⓑ　それは（笑）。

㋓　翌朝、他の生徒が登校してきて、貼ってある紙を見るじゃないですか。僕が書いたんだとわかると、そのことでメチャクチャ責められました。「死んだヒヨコを馬鹿にするなんて、お前はひどいやつだ。悲しくないのか」って。

Ⓑ　でも、エンゾさんとしては馬鹿にしてるつもりはさらさらなくて、ただ単に事実を伝えようと思った。

㋓　そうなんです。実際に自分は悲しくないし、事実を事実として伝えているので。だから、責められてもピンとこないわけですよ。「みんな、なにワーワー言ってんだろうな」と。だから弁解もしなかったんです。

Ⓑ　いや、わかりますね。

㋓　でも、そこで先生がちゃんと状況を説明してくれました。「早川くんは昨日の夜に学校に来てくれて、具合の悪いヒヨコをずっと看病してくれていたんだよ」って。そうしたら、みんなが謝ってくれたんです。「そうとは知らずに、ひどいこと言ってごめんなさい」って。でも謝られてもやはり僕にはピンと来ていなくて、ぼーっとしていました。

Ⓑ　まあ、言い方が「ご臨終」ですからね（笑）。たぶんですが、ひとの最期を看取った医者が、遺族に「○時○分、ご臨終です」と告げるのを何かで見て、真似しようとしたのかもしれないですね。

㋓　そんなところだろうと思います。

Ⓑ　でも、そんな紙を貼ったら、友だちにどう思われるかということは全然考えない。

㊒　そう、だから社会性が欠如しているわけですよ。他人がどう思うかもわからないし、誤解されてもどうでもいいし、弁解する気もさらさらなかった。成長するにしたがって、次第に相手はどう思うか、ということを考えるようにはなりましたが。

Ⓑ　ただ、先生がちゃんとフォローしてくれて、友だちもみんな謝ってくれたというのは、その後の人生でも大切な財産になったんじゃないですか。

㊒　そのとおりです。そうした問題行動というか、誤解を招く行動が発達障害傾向の子にはとても多いと思います。でも、そこで周囲の人間がフォローしてくれるかどうか。それが、その子がその後のびのびと成長できるかにとても深く関わってくると思います。

## 生きづらい社会

Ⓑ　エンゾさんが小学生のときは、土地柄もあって非常におおらかでよかったという話ですが、今の日本社会を見ていると、そういう風潮ではないですよね。

㊒　むしろ真逆ですね。どんどん締めつけと規制が厳しくなっている。発達障害傾向の子が増えているのはあきらかなのに、養護学校も、養護クラスの先生も増えていないんです。

Ⓑ　だから、無理に普通クラスに入れられて、対人関係がうまく行かなくて不登校になってしまう、

というパターンが多いと聞きます。

㊄ そのとおりですね。不登校になってしまったら、まわりも「しょうがないね」と言って放置してしまう。

Ⓑ いま、社会性は成長するにつれて徐々に身につけられるという話が出ましたが、不登校になって引きこもってしまうと、そのチャンスが失われてしまうという側面はありますよね。

㊄ そうだと思います。

Ⓑ ちょうどいま、東京大学で発達障害の子どもたちを対象にした「ROCKET」という異才発掘プロジェクトをやっています。そこでプロジェクトに参加している高校生たちに、湿板写真を教えているんです。

㊄ それはとてもいいことですよね。なにか一つ、自分に自信が持てるものがあると、人生全然違ってくると思います。僕も中学生の頃まではすごく暗かったんです。でも高校に上がるときに、このままじゃダメだと思って、「俺は女好きになる！」と決めたんです。

Ⓑ なるほど（爆笑）。

㊄ いや、マジです（笑）。女好きになることで、いままでとは全然別の自分になってやろうと思ったんですね。だから高校に入った瞬間から、彼女をつくるために動き出しました。それですぐにいろんな女の子に声をかけたんです、「付き合ってください」って。

Ⓑ 面白いねえ。

㋓　すると、高校一年で見事彼女ができたんですよ。

Ⓑ　すごい！

㋓　それがすごく自信になりました。それまでは「自分はひと付き合いが苦手で、世の中とはうまくやっていけない人間なんだ」と思い込んでいて、自分のことがとても嫌いだったんです。でも、その彼女と接しているうちに、自分のことを好きだと思えるようになって。

Ⓑ　いい話だなあ（笑）。自分に自信を持つというのはとても大切ですよね。発達障害傾向にある子の場合には特に、自己肯定感が低いひとが多いと思いますので。

㋓　そうですね。別に、そうした何かの取り組みで他人に評価されなくてもいいんです。僕だって彼女をつくっても、別に周囲からほめられたわけでもない（笑）。でも、自分で自分をほめてあげられることが一つでもあると、人生はまったく変わりますよ。

## 「なにか才能があるはずだ」という強迫観念

Ⓑ　でも一方で思うのですが、発達障害もそうだし、ダウン症の子たちなど、その中には絵画や書道やダンスなどの才能があって、それこそテレビで取り上げられているようなひともいますね。でも、みんながみんな、そうとは限らないわけです。

㋓　はい。それでお金を稼げるほどの才能がある子は、ほんの一握り。でも彼らは目立ってしまう、いや、健常者の側が目立たせてしまう。それで別の障害がある子と暮らす親御さんに期待をさせてしまうんです。「この子にも何か才能があるはずだ」と。それが陰日向にプレッシャーとなって、子どもたちが傷ついていてしまう。

Ⓑ そこまでの才能はなくても、その子が好きで夢中になれることは必ずあるはず。そこを応援してあげることが、子どもの幸せのためには本当に大事なことになると思うんです。

㊓ 心からそう思います。

Ⓑ 今日はいつにも増して、いい話がたくさん出ますね（笑）。

㊓ 僕が大動脈解離で死んでいたら、今日の収録（第6章「口」と同日）はなかったわけですから。死にかけたからこそ、いい話ができたのかもしれない。

Ⓑ 生命の危機を乗り越えて、より優しくなれた（笑）。

## 「腑に落ちない」人びとのためにこそ

Ⓑ 今回、エンゾさんが死の淵を経験したということがあって、図らずも気づかされたことがあるんです。僕の鍼灸の先生は、ものすごい身体感覚と知識の持ち主なのですが、彼はそれを自分が健康になるためには使っていないのです。

㊓ 真理の探求、あるいは「悟り」を得るために使っている。

Ⓑ　そうです。それで、その真理の探求は、必ずしも健康につながっているとは限らないんです。むしろ健康を害さなければ得られない真理もある。病気や障害の向こうに、より豊かな世界が広がっていることもある。

㊓　千日回峰行もそうでしたね。

Ⓑ　そのとおりです。その文脈で、心理学者のカール・ユングにとても面白い言葉があります。彼は「地獄とはどんなところか？」と訊かれたときに、こう答えたといいます。「完全な健康状態、それが地獄だ」と。

㊓　ああ、わかる気がするなあ。

Ⓑ　つまり、病気になるからこそ、知恵が生まれる。あまりにも健康だと、気づきが何もない。精神が成長しないんです。そういうひとのことを、僕は「健康バカ」と呼んでいるのですが……。

㊓　健康バカ……。いい言葉ですね。とにかく健康でいることが目的で、そこで何も学んでないという。

Ⓑ　言い換えると、いまの時代、「健康至上主義」が蔓延していると思います。でも、自分がマイナスな状態になることで、はじめて見えてくるものがたくさんあるわけでしょう。

㊓　そうですね。

Ⓑ　だから病気になったときは、身体の治療だけではなく、心の治療も必要なんです。東洋医学では「身心一如《しんしんいちにょ》」といって、肉体と精神は不可分のものとされています。だから心を通して身体を治し、

身体を通して心を癒すんです。
だからエンゾさんの場合も、今回の病気で得たことを、これからどういう形で生かしていかれるのか。それが楽しみです。

㋓ そうですね。まあ「一病息災《いちびょうそくさい》」という含蓄のある言葉がありますが、病気によって、より自分の身体のことを深く知り、考えるようになるでしょうね。価値観は全然変わりましたよ。

🅑 **上手に苦しむのが人生を渡っていくコツ**ですね（笑）。健康ではなくて苦しいからこそ、ひとは考え、努力するわけですから。そうして苦しみのなかで努力しているひとたちにこそ、この本を読んでほしいと思います。

㋓「健康バカ」の話とも共通してきますけれど、この本で僕たちが語ってきたことは、多くが現代日本の常識とは反対のものばかりですよね。でも、その「常識」のとおりに生きていて、何の不都合も感じずに幸せに生きているひともいるわけです。

🅑 そのほうが多数派でしょうね。背すじをのばして、かかとから着地して、僧帽筋で頭を支えて、筋肉を増やして代謝を上げて……。

㋓ ええ。そういうひとたちは別にそれでいいんです。幸せに生きているのなら、他人がとやかく言うことではない。そんなのは大きなお世話ですから。
でも……そういう大多数のひとたちに埋もれて、どこか違和感を抱えながら生きている少数派のひともいるはずなんです。

Ⓑ　世間の「常識」に腑に落ちないものを感じながらも、周りの人びとがそういう風に生きているのだから、まちがっているのは自分のほうなんだ、自分はおかしいんじゃないか、と自己を抑圧しながら生きている。

㋓　なんとか周囲に合わせようと苦心しながら。この本を真に届けたいのは、そういう人知れず悩み、苦しんでいる少数派のひとたちなわけで。そういうひとたちの心の支え、救いに少しでもなれれば、こんなに嬉しいことはないです。

Ⓑ　そのとおりです。僕たちはお互い「仙人になる」という目標があるわけだけど、実はそれは僕たちだけの目標ではなくて、「常識」に違和感を拭えない少数派のひとたちの目標にもなりうると思うんです。そういうみんなと手をとり合って、一緒に仙人になりたいですね。

㋓　そうすれば、きっとこの国も、そして世界も、よりよい場所になっていくと信じています。そのために、これからも修行を続けていきましょう！

ブラウンさん、いろいろとご迷惑をおかけしましたけど、どうもありがとうございました。

Ⓑ　いえ、こちらこそ。また足半を履いて古い道を歩きながら、新たな「和の身体感覚」を発見しましょう！

# あとがき

私がはじめてブラウンさんと会ったのは、待ち合わせ場所として指定された、小田原駅の中にあるカフェだった。先に来てハーブティーを飲んでいたブラウンさんを見て私は、想像していたよりも小柄で、想像していたよりも華奢で、想像していたよりもまるで日本人みたいだと思った。

その後、私たちは、登山電車と乗り合いバスを乗り継ぎ、箱根旧道の入り口まで移動した。そこで私は、持参した「足半《あしなか》」をずぶずぶに濡らし、ブラウンさんに手渡すと、無意識に彼の背後にまわった。もしも、ブラウンさんが、はじめて履く、おそらくまったく馴染みのないであろう日本伝統のけったいな履物にバランスを崩し、後ろにひっくり返りそうになったら、この私が受け止めて進ぜようと考えていたからである。正直、私自身、足半を履きはじめた頃は、うっかり現代生活に毒された姿勢で立ってしまい、おっとっと……ということがしばしばあった。

ところが。それはまったくの杞憂に終わった。はじめて足半を履いたはずのブラウンさんは、少しもバランスを崩すことなく、大昔の日本人のように、膝をゆるめ、肩甲骨を開き、猫背でスッと立ったのである。その美しい立ち姿を見た瞬間、私は、「この人はホンモノだ！」と確信した。そして、いつでも差し出せるようにそれとなく構えていた両手を、そうっと下ろしたのである。

私たちは、露に濡れた落ち葉に埋もれ、滑りやすくなった晩秋の石畳の古道を、すれ違うハイキング客たちに顔と足元を交互にジロジロと見られながら、色々のことについておしゃべりしながら登っていった。それから、峠の終盤にある「甘酒茶屋」の囲炉裏端で胡坐をかき、わが国が誇る伝統食である甘酒を啜りながら、さらに語り合ったのである。

語り合いながら私は、日本人よりも日本人らしい……というよりは、明治維新以降、日本人が棄ててしまった本来の日本人らしさを付け焼き刃ではなく有している、なんとも不思議で魅力的なこの「外人さん」との興味深い話を、一冊の本にできないだろうかと考えていた。

＊

本書をつくる上で、ブラウンさんと私は、とにかく小難しくならないように、楽しく読めて、でも多くの悩める人びとの腑に落ちる。そういう本にしたいと考えていたので、章ごと、項ごとにお題を決めて、それについて互いに知っていること、読者に伝えたいことを出し合いながら対談し、意気投合して盛り上がれば、盛り上がり、面白ければある程度脱線するのもアリ。そういうスタンスで話を進めていったのである。

それなのに、ラスト一回の対談を残したところで、私は「急性胸部大動脈解離」という深刻な病気で入院することになってしまった。二〇一九年の一月のことであった。

実をいうと私は、学生の頃から「人生五〇年」というつもりで生きてきたので、もしも四九歳で死ぬことになってしまったとしても、やり残したことはさほどないつもりだった。もちろん贅沢をいえばきりがないけれど、自身の人生を「概ね可とするものなり」と総括できる自信があった。

しかし、今、ここで死ぬのはまずい。

せっかく足半という和の履物が結んでくれた縁でブラウンさんという同志を得ることができたのに、このまま本書を完成させずに死んでしまうことは、いかにも無念である。

もしかしたら本書をきっかけにして、このあと二〇年、三〇年とやるべき仕事が神から与えられるかもしれないのに——。

それならば、なんとしても生きよう。生きるべきなのだろう。

というわけで、私は大動脈に二〇センチを超える長さのステントグラフトというスリーブを挿入する手術を経て、退院することとなった。後から考えると、本当にいくつもの幸運がタイミングよく重なってくれたおかげで、一命を取り留めただけではなく、運動や食事の制限もないに等しく、以前のように生活をすることが可能だというお墨付きをいただくことができた。

これからは、むしろこの致命的な病気を逆手に取って「一病息災」といきたいものである。同時に、「基礎代謝の低い、太りやすい身体をつくりあげ、その上で、太らないように死ぬまで食欲と対峙しつづける」……やっと私がたどり着いた結論。これを片時も忘れずに生きていくことを自身に誓った。

退院してから、二週間。まだあまり動けない私のために、ブラウンさんが京都からわざわざ茅ヶ崎の私の家まで来てくれ、そこで最後の対談に臨むことになった。当初、まだ本調子ではない私にそれなりの時間、それなりの内容の話ができるのだろうかという不安もあったのだけれど、いざはじまってみると、自分でもびっくりするくらいのエネルギーがどこからともなく湧き出てきて、四時間あまり、それは尽きることがなかった。

そして、なんと、しまいにはブラウンさんのほうが船を漕ぎはじめるという有様であった。上の瞼と下の瞼がくっつきそうになっているブラウンさんを見て、なんだかわからないけど、私は「やった。勝った！」と思ったのである（笑）。

最後の対談が終わって三か月がたった先日。京都のブラウンさんから、山伏修行で使っている足半が底をつきそうだから送ってほしいという「発注」があった。足半だと修行の効果が違うのだという。もう……そんなことをいわれたらうれしくなってしまうじゃないですか。

ではでは。ずいぶん暖かくなってきたことですし、ブラウンさんのために足半をつくってあげるとしますか……。

まずは来週あたり、藁を打つことにしましょう。

二〇二〇年、五月　茅ヶ崎にて

エンゾ・早川

# 参考文献一覧

岩波明『天才と発達障害』文春新書（二〇一九）
潮田鉄雄『はきもの』法政大学出版局（一九七三）
丁宗鐵『正座と日本人』講談社（二〇〇九）
デズモンド・モリス『裸のサル――動物学的人間像』日高敏隆訳、角川書店（一九九九）
中澤篤史『運動部活動の戦後と現在――なぜスポーツは学校教育に結び付けられるのか』青弓社（二〇一四）
ホイチョイ・プロダクションズ『気まぐれコンセプト 完全版』（二〇一六）
三木成夫『内臓のはたらきと子どものこころ』（一九九五）
三島由紀夫『潮騒』新潮文庫（二〇〇五）
横溝正史『悪魔の手毬唄』角川文庫（一九七一）
DVD『NHKスペシャル 赤ちゃん 成長の不思議な道のり』（二〇〇七）
『蒙古襲来絵詞』

## エンゾ・早川（えんぞ・はやかわ）

1969年生まれ。早稲田大学人間科学部スポーツ科学科卒業。神奈川県・茅ヶ崎市にあるロードバイク・プロショップ「エイドステーション」の店主で作家。ロードバイクや和の履物を通じて、人間本来の身体の使い方、食事の仕方とはどういったものかを探求。著書に『まちがいだらけの自転車えらび』（双葉社）、『エンゾ・早川のロードバイク解體新書』『エンゾ・早川流 ロードバイク秘伝の書』（枻出版社）、『エンゾ・早川の体型大全』（自由国民社）ほか多数。

## エバレット・ブラウン（Everett Kennedy Brown）

1959年、アメリカ生まれ。元epa通信社日本支局長。ブラウンズフィールド創設者。東京大学・先端科学技術研究センター非常勤講師。「Kyoto Journal」寄稿編集者。1988年から日本定住。著書に『俺たちのニッポン』（小学館）、『日本力』（松岡正剛氏との共著・パルコ出版）、『Japanese Samurai Fashion』（赤々舎出版）、『失われゆく日本』（小学館）、『Archaic Future』（Harvest出版）、『京都派の遺伝子』（淡交社）ほか多数。文化庁長官表彰被表彰者。


---


**先祖返《せんぞがえ》りの国《くに》へ——日本の身体－文化を読み解く**

2020年8月5日　初版

**著者**　エンゾ・早川＋エバレット・ブラウン

**発行者**　株式会社晶文社
〒101-0051　東京都千代田区神田神保町1−11
電話　03-3518-4940（代表）・4942（編集）
URL　http://www.shobunsha.co.jp

**印刷・製本**　株式会社太平印刷社




ISBN978-4-7949-7188-3　Printed in Japan